コンプレックスをひっくり返す

見た目のなやみが軽くなる「ボディ・ポジティブ」な生き方

吉野なお

旬報社

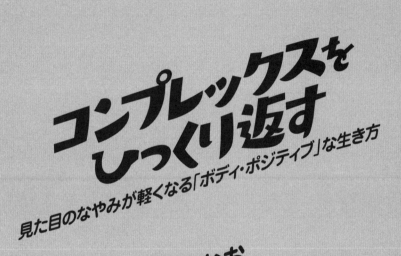

はじめに

毎朝起きるとまずトイレに行って、それから脱衣所で下着だけのすがたになり、体重計に乗ります。そうして体重計に表示される数値で、その日一日の私の気分が決まるのです。昨日より体重が減っていれば、うれしくてハッピーにすごせて、体重が増えていれば、落ちこんで一日中自分を責めていました。

とにかくやせることが生活の最優先事項。太っていると、うまくいかないことがたくさんあるし、異性に愛されないし、自分に自信がもてないと思っていたからです。

この考えがエスカレートし、やせるために、食べる量をどんどん減らしていきました。この「食べないダイエット」で三〇kgやせたことで、生まれてはじめて自信がつき、人生が変わったと思っていました。

そして、それが私のアイデンティティになりました。アイデンティティとは、自分が何者であるかという感覚です。

自分に自信をつけるために、やせようと思う人もいるでしょう。でも、私は「食べないダイエット」をして「やせた体＝自分のアイデンティティ」としてインプットしてしまったために、ふつうに食べることがこわくなったり、体重が増えることに対して異常《いじょう》な嫌悪《けんお》感《かん》を感じるようになってしまいました。

無理なダイエットをすると、かならずリバウンドが起きる身体のしくみも知らず、リバウンドは「自分の意志が弱いから」だと思ってしまいました。

少しでも体重が増えると、ダイエットをする前よりも「こんな自分は自分じゃない」という自己否定感《ひていかん》が強くなり、生きることがつらくなりました。
私にとって太ることは、アイデンティティ（自己）の喪失《そうしつ》を意味するようになっていたのです。

体づくりという意味で「ボディメイク」という言葉がありますが、私がやっていた「食べないダイエット」は、体をこわす「ボディブレイク」といえるものです。自分の体調も、精神状態も無視して、とにかくやせればいいと思いこんでしまったのです。
いま思うと、私に必要だったのは、「自分の心と体を守るための正しい知識」でした。それに、変えるべきだったのは、自分自身の体よりも、まず社会や人とのかかわり方でした。

いったいどこで、なにをまちがえて、どうすればよかったのか。

コンプレックスに振りまわされた私の経験が、少しでもあなたのヒントになれたら、うれしいです。

いま、欠点やコンプレックスにとらわれて苦しみ、出口が見つからず、迷子になっているあなたへ。そして、過去の私へこの本をおくります。

目次

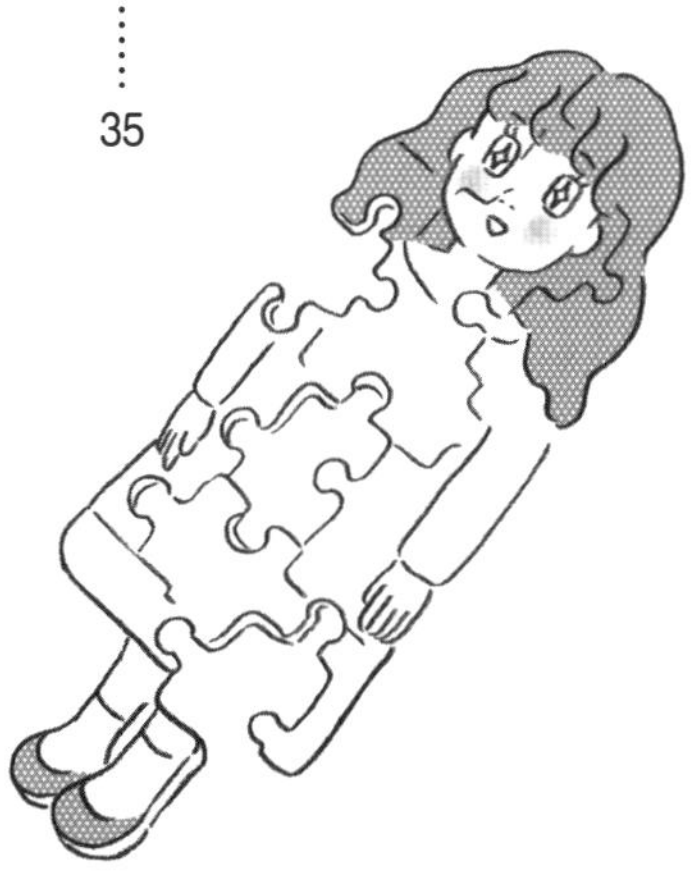

第4章 コンプレックスを生み出す社会のしくみ

第5章 それでも気にしてしまうあなたへ

Enjoy!

第１章

あなたにはコンプレックスがありますか？

あなたにはコンプレックスがありますか?

あなたには「コンプレックス」がありますか?

それは、どんなものですか?

そして、どうなりたいですか?


私の十代の頃のコンプレックスは、「太っていること」で、「ほかの人とくらべて体が大きいこと、やせていないこと」でした。「だから、みんなとおなじかそれ以上にやせたい」と思っていました。


はじめまして。吉野なおです。

私は、大きいサイズのファッションモデル、通称《つうしょう》「プラスサイズモデル」として活動しています。

「プラスサイズモデル」って知っていますか?

プラスサイズモデルを説明するうえで、よく用いられる言葉が「ボディ・ポジティブ」

です。

「ボディ・ポジティブ」とは、自分自身や他人の身体的特徴《とくちょう》を肯定的《こうていてき》に受け入れ、尊重《そんちょう》しようという考え方のこと。

たとえば、かつてメディアやファッション誌に登場したのは、一般《いっぱん》人の私たちからかけはなれた体型、すごくやせていてスリムな女性たちだけでした。ですから、そんな体型がみんなのあこがれであり、美しさの基準でした。

しかし、「プラスサイズモデル」は、画一的になってしまった美の「ものさし」を問う存在として世界中で話題になりました。プラスサイズモデルが体現しているのは、「手の届かないあこがれ」よりも「共感」を呼ぶ等身大《とうしんだい》の美しさです。つい自分を卑下《ひげ》し、体型になやみがちな女性自身をはげます「エンパワーメント」になるような存在です。

「エンパワーメント」とは、「力になる・パワーをあたえる」という意味で、プラスサイズモデル達の登場には、「偏見《へんけん》やステレオタイプに打ち勝ち、自分たちの可能性を追求《ついきゅう》すること、社会的地位を向上させることを目指そう」というメッセージがあります。

このメッセージが多くの人の心をつかみ、アメリカを中心に、プラスサイズモデルやプラスサイズのインフルエンサーが活躍《かつやく》しています。

こうした活動をしていると、ただ「ポジティブ」に生きているように思われることもあるのですが、私はずっと自分の体や見た目にコンプレックスがありました。

物心ついたときから十年ほど前まで、ぽっちゃり体型の自分が大きらいだったのです。

自分の見た目にコンプレックスを持っていた私が、なぜプラスサイズモデルをしているのかというと、二〇代の半ばごろ、ある出来事をきっかけに自分のコンプレックスをひっくり返すことにしたからです。

「ひっくり返す」とは、天と地を逆さまにして逆転させること、そしておもちゃ箱をひっくり返すように、その中身を出して正体を明らかにすることです。

過去の私のように、人知れずコンプレックスになやんでいる人はたくさんいると思います。友だちといっしょに写真を撮《と》ったときに、友だちと自分を見くらべて落ちこんだり、鏡を見るたびに「もっとああだったら」「こうだったら」と不満を募《つの》らせているかもしれません。

でも、そもそも、あなたをなやませるコンプレックスは、どんなしくみで作られるのか、どんな意味を持つものなのか、考えてみたことはあるでしょうか？

コンプレックスを隠《かく》そうとすることも、なくそうとすることも、あなたの自由です。

しかし、よく考えてみてほしいのです。生まれたばかりのあかちゃんは「私ってブス！」「やせなきゃ、かわいくなれない」「もっと目が大きかったらいいのに」といいながら生まれてこないはず。

コンプレックスは知らないうちに私たちの一部になっていますが、もともとは私たち自身の「外側」からやってくるものなのです。

だれにも打ち明けず、自分でも見えないように、心の奥《おく》にずっと隠《かく》しているコンプレックスという名の箱。

思いきってそれをひっくり返してみたら、実は未来の扉《とびら》を開ける大事な鍵《かぎ》が入っているかもしれません。

これまで見ないようにしていたものに向き合うって、ちょっとこわいかもしれません。

この先、もし読んでいてつらくなったり、いやな気持ちになることがあれば、途中《とちゅう》で閉じてしまってもかまいません。

でも、私はこの本のなかに、コンプレックスになやんでいた頃の自分が知りたかったヒントや、自分がかけてほしかった言葉をたくさん入れました。

「コンプレックスに向き合ってみようかな」という気持ちになったら、少し勇気を出して読んでほしいなと思います。

ここに、「コンプレックスメーター」を用意しました。

あなたのコンプレックスのレベルはどのくらいでしょうか。

いまの自分を知るためにもぜひ答えていただければと思います。

どのくらいコンプレックスが気になる?

How much do you feel ?

Q あなたのコンプレックスのレベル(強さ)は次の1〜5のどれにあてはまりますか?

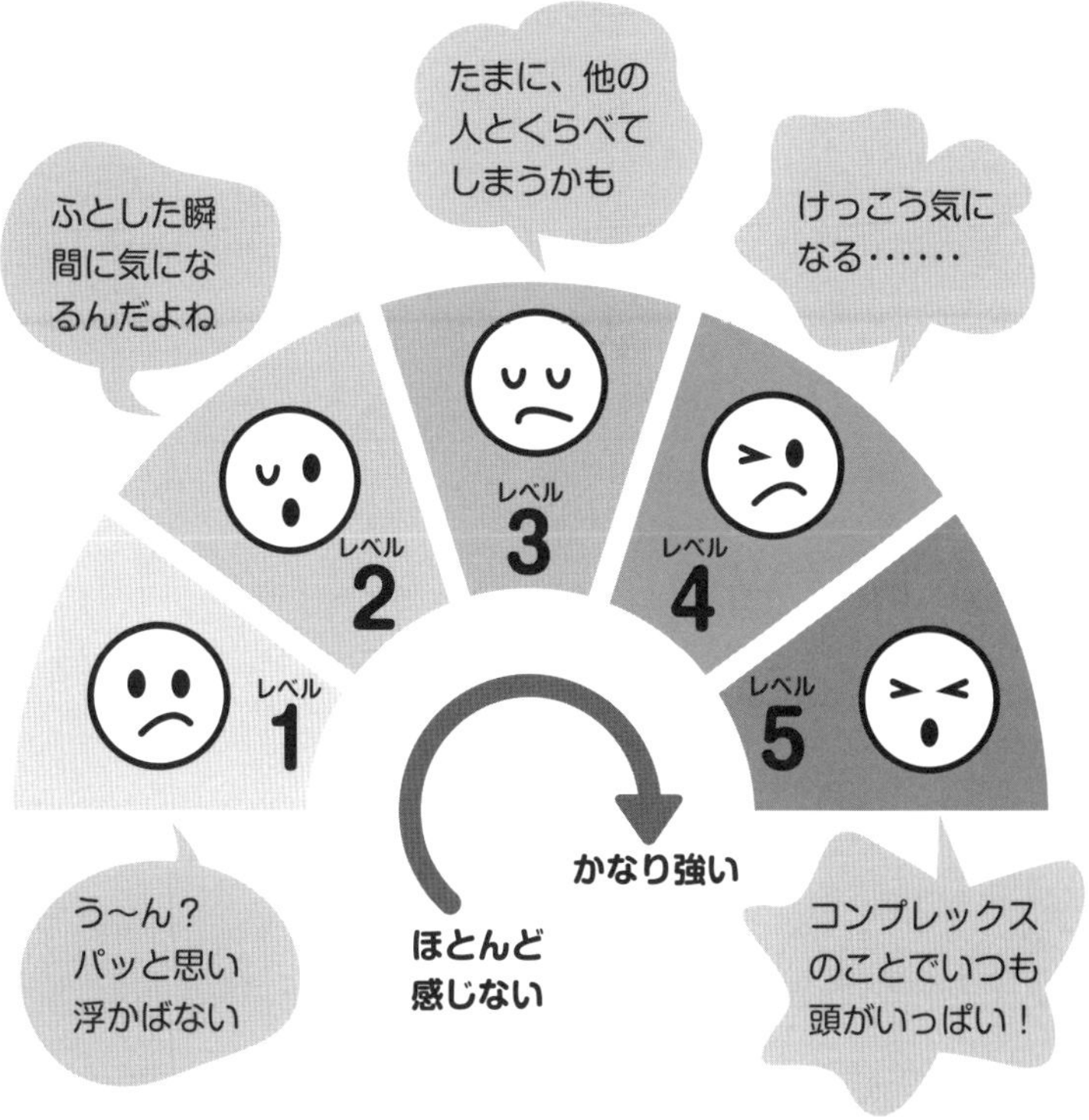

D 見た目がいい子が「得」をする？

いまから二五年ほど前のお話からはじめましょう。

中学生だった私は「見た目がいい子が得をする」と感じるようになりました。

友だちといっしょにいるときに、友だちだけ「かわいいね」とナンパされたり、男子に優しくされることがよくあったのです。なんだか気分がザワザワしました。

一度だけなら、たまたま、偶然《ぐうぜん》そうだったといえるかもしれません。

その後、おなじようなことを何度もくり返し体験するうちに、これは偶然《ぐうぜん》ではないなと思うようになりました。たしかに友だちはかわいいし、つい声をかけたくなるのもわかります。

でも、友だちのすぐとなりにいるのに、私は相手の視界にすら入っていなかったのです。

こんなふうに傷つけられるぐらいなら……と、私は男子に対してつっけんどんな態度をとったり、「選ばれる女友だち」にひそかに嫉妬心《しっとしん》や劣等感《れっとうかん》を感じるようになっていきました。

そして、うまくいかない現実から逃避《とうひ》するように、ネットの世界で自分の居場所を探すようになりました。

当時はまだスマホもSNSもなく、ビデオ通話もできない時代。ネット回線の速度がおそいため、画像を見るのにも時間がかかり、自分の写真をネット上に公開する人は、いまよりもずっと少なく、ごく一部の人たちだけでした。つまり、基本的に文字だけでのやりとりでした。

見た目に劣等感《れっとうかん》を感じていた私は、見た目を気にせずに人と交流できるネットに自由さを感じました。文字だけなので、相手の顔色をうかがわずに素直になれたり、人に優しくできる気もしました。

いま思うと、現実以上に自分をよく見せようとしていました。そうしてオンライン上で共通の趣味《しゅみ》の人を見つけて、情報交換《こうかん》やチャットを楽しむことが日々の支えになっていったのです。

そんななかで、同世代のとある男の子に好意を抱《いだ》かれました。

地方都市に住んでいた彼は、オンライン上で知り合ったグループのなかの一人でした。

彼は自分のプリクラ写真をアップしていたのですが、写真を見るかぎりだと、まるで男性アイドルのような見た目で、仲間内でもかっこいいと評判の男の子でした。
そんな彼と毎日のようにチャットやメールで連絡を取るうちに、「付き合ってほしい」と、猛烈《もうれつ》なアプローチを受けるようになったのです。現実では男子に相手にされないのに「こんな私でも、かっこいい人に好かれるなんて、うれしい」「私にも彼氏ができるんだ！」と有頂天《うちょうてん》になりました。

いまはＳＮＳで気軽に知り合えるだけでなく、恋愛《れんあい》系マッチングアプリもたくさんありますので、ネットを出会いのきっかけとして、お付き合いすることは特別なことではありません。でも、実際に一度も会っていない人と交際《こうさい》するという発想は危険ですし、まねしないでほしいと思います。

私と彼が恋人《こいびと》関係になったあと、私の写真を見せることになりました。
複数の友だちといっしょに写っている写真だったので、「どれが私か当ててみて」とクイズ形式で聞いてみたところ、スリムで目鼻立ちのはっきりしたかわいい友だちを指して、私だと予想されました。実際の私は、はじっこで自信なさげに写っている、地味で太った女の子でした。

何度もやりとりを重ねていくなかで、彼は外見ではなく、私の内面を好きになってくれたのだと思っていました。

でも、私の写真を見せたあと、急に態度が変わってしまったのです。

それまで毎日「会いたいな」「好きだよ」とあまい愛のメッセージを送ってくれていたのに、連絡が途切《とぎ》れがちになり、実際に会うこともないまま、「やっぱり別れよう」とふられてしまいました。

しかも、その後すぐ、おなじグループにいたかわいいと評判の女の子と付き合いはじめていたことが発覚。衝撃的《しょうげきてき》でした。

しばらくしてから、おなじようにネットで知り合った別の人に「付き合ってほしい」とアプローチされたのですが、私の写真を見せるなり、またもやふられてしまいました。彼いわく「やっぱり受験でいそがしくなるから、勉強に集中したい」という理由でした。

そんな失恋《しつれん》経験を通して、私の外見コンプレックスはさらに強くなりました。

「見た目より中身が大事という言葉もあるけれど、もしわたしの見た目がよかったら、あの男の子にもふられず、うまくいっていたのではないか？」

「受験でいそがしいから付き合えないなんて、うそなんじゃないか？」という思いが、どうしてもうかんでしまい、無視できなくなりました。

落ちこんだり、自暴自棄《じぼうじき》になっている私を見て、「あなたは一人じゃないよ」「いつか、いい人に出会えるよ」とはげましてくれる友だちもいました。

でも、なにをせずとも男子に「かわいいね」と声をかけられたり、いつも絶え間なく彼氏ができる友だちにはげまされても、なんだかモヤモヤしてしまい、そんな自分にまた自《じ》己嫌悪《こけんお》してしまう、という複雑な心境でした。

D コンプレックスは社会がつくっている

この話は、私が見た目にコンプレックスを感じるようになったエピソードのうちのひとつでした。

いま、あなたにコンプレックスがあるとしたら、それはいつ、なにがきっかけでできたものか、思い出せるでしょうか？

きっかけは、だれかの言葉？　それともなにかのできごとでしょうか？

なんとなくボンヤリとしていて、きっかけがよくわからない場合もあるかもしれません。

もし、私が二〇二三年にティーン世代だったら、見た目についてのコンプレックスをもっと強く感じていたと思います。私がティーンだった二〇年以上前よりも、いまはSNSを通して、より他者と自分をくらべやすくなったうえに、フォロワー数や「いいね」で、人に認められること、承認《しょうにん》を意識する社会になっているからです。

とくに写真や動画をシェアするインスタグラムを見ると、なんだかみんなおしゃれで、かわいくて、充実《じゅうじつ》していて、すてきな人生をおくっているような気がしてくるかもしれません。視覚的なイメージは文字よりもインパクトが強いので、「インスタグラムを見ると劣等感《れっとうかん》を感じてしまう」という声もよく聞きます。

さらに、ネットにはコンプレックス解消のための情報や広告もよく出てきます。

「あなたはそのままではダメ！」「こうなっていたらヤバい！」といったコンプレックス

を顕在化《けんざいか》させる情報と、「こうすればなやみが解消!」「いますぐこれをやろう!」という情報が交互《こうご》に無意識のうちに押しよせてきます。

気をぬくとついその波に飲みこまれて、「一〇分前まで名前も知らなかったダイエットグッズをポチッとしていた……」という人もいるかもしれません。

ショート動画をシェアする人気のSNSアプリ・TikTokでは、カメラを起動すると自動的に小顔になり、目は大きく、肌《はだ》が明るく補正されるフィルターがかかります。なにもしなくても、外見が「いい感じにかわいく盛れる」ようになるのです。

そういえば、私が高校生の頃は、ただの写真よりもかわいくきれいに撮《と》れるプリクラが流行《はや》っていて、学校帰りに友だちと夢中になって撮《と》っていました。

もし、私がいまの中高生だったら、ノーフィルターの現実の自分が受け入れられず、「アプリじゃないと写真が撮《と》れない」と思っていそうです。

中高生だと、行動範囲《はんい》もかかわる人もかぎられ、周りに影響《えいきょう》されやすい世代です。

こうして常に見た目に関する情報にさらされる社会にいると、コンプレックスを持たないことのほうがむずかしいのではないでしょうか。

コンプレックスと人間関係

私はモデル活動のほかに、自分が過去になやんでいた経験やそこから得た考え方をシェアする活動をしてきました。ＳＮＳで発信したり、コラムを書いたり、講演会やイベントでは人前で話をしているのですが、それらを見たり聞いたりした読者やフォロワーの女性たちから、いろいろなことを相談されるようになりました。

二年ほど前からは、Ｚｏｏｍをつかった個人セッションもするようになり、これまで一〇〇人ほどの女性たちとお話ししました。

みなさんのなやみごとは、人生のこと、恋愛《れんあい》のこと、仕事のこと、人間関係のことなど、人それぞれです。大人であっても、見た目のコンプレックスがなやみの中心になっている場合があります。

そんな方のお話を聞いていくうちに、私はあることに気がつきました。自分の見た目になやむ人ほど、対人関係にも不安を抱《かか》えているということです。

過去にいじめられた経験や、だれかに否定された経験、学校やグループになじめなかった経験、家族もふくめて他者とのあいだで傷ついた経験、心をゆるせる友だちや恋人《こいびと》がいないことなど、対人関係のつまづき経験が人生のベースになっていたりします。

むしろ「対人関係の不安が、見た目のなやみや劣等感《れっとうかん》としてあらわれる」といっても、いいすぎではないかもしれません。

たとえば、人にどう思われるかが気になって、いいたいことがあってもがまんしてしまうのですが、「もっと見た目に自信があれば、人にも積極的になれるはず」と考えて、なかなか見た目を変えられない自分自身を責めるのです。

「見た目」は、自分という存在のなかで、目に見える一番外側にある部分。

そして相手と自分の「あいだ」にあるものです。

摂食障害《せっしょくしょうがい》の専門医である水島広子さんの『「幸せにやせたい人」の心の教科書―摂食障害の専門医が教える「やせたがり」ほどやせられない心理』（さくら舎、2019年、74頁）には、「ありのままの自分を受け入れてもらう体験をしていない人は、つねに「形を整えて人に気に入ってもらう」ということをするようになります。」とあります。

自分が欠点だらけに感じてしまう？

自分の過去の経験と、外見のコンプレックスが強い相談者の方の話と照らし合わせてみると、腑《ふ》に落ちる解説です。

ダイエットや美容整形など、なんらかの方法で魔法《まほう》のように見た目が変わることは、まるで生まれ変わったように感じますし、ビフォーアフターの劇的変化をＳＮＳにのせたら、きっと注目を浴びることでしょう。そういうテレビ番組やダイエットジムのＣＭもありますよね。

そんなふうに、自分もなりたい。でも、なれない。苦しい。

そんなモヤモヤを抱《かか》えている人は、実はたくさんいるのです。

思春期の頃に見た目が気になるのは、私は自然なことだと思います。だんだんと社会のしくみがわかってきて、自分がどんな人間なのか、将来どうなりたいのかを考えていくようになりますし、第二次性徴期《せいちょうき》になると体つきも変わっていきます。おなじ年齢なのに、身長や体型などでも一人ひとりの個人差が出てきて、つい人と見くらべてしまうものです。だれかにあこがれたり、かっこよくなりたい、かわいくなりたい、はずかしい思いはしたくないという気持ちも湧《わ》いてきます。

思春期に見た目が気になったり、おしゃれをして着飾《きかざ》ったりしていくようになるのは、大人になるための成長過程のひとつなのかもしれません。

こんなとき「まぁ、そういう年頃なんだなぁ」と気軽に思えたらラクですが、そうはいかない複雑な時期だということを、私自身も経験してきて理解しているつもりです。

でも、大人になっても何年も、何十年も、ずっと自分の見た目が気になってしまうということには、よっぽどの理由があると思います。

見た目にとらわれて、ほかのことに集中できなくなったり、コンプレックスが解消されないことで身動きがとれなくなり、生きづらさを感じている人もいます。

きっとそれらの見た目のなやみは、実は「他者とのかかわり」が深く関係しているのではないかと思うのです。

心の傷は目には見えない

見た目の呪《のろ》いになる言葉はさまざまです。

家族であっても「ママに似ていれば美人だったのにね」とか、「一重まぶたでかわいそう」とか、親や親せきに残念そうにされたという話をよく聞きます。

家族にとっては軽い気持ちや冗談《じょうだん》から出た言葉でも、そういわれたら複雑な気持ちになりますよね。


目にみえる体の傷であれば、他人も気がつきますし、傷の手当てをしたり、必要であれば手術したりすることも可能です。でも、体にできる傷とちがって、心の傷は目に見えず、古くなればなるほどわかりにくくなりますし、自分でも忘れてしまうことがあります。

しかも、とっても心が傷ついたとしても、生きていけてしまうのが人間です。

さらに、その傷つきを隠《かく》したり放置してしまうと、長年にわたる深いなやみや心の病気・依存症《いぞんしょう》などとなって、いつかどこかに不調が出てくる場合もあります。


ある三〇代の女性には常に「やせなくちゃ」「太りたくない」という焦《あせ》りがあり、ティーンの頃から何年もずっと、終わりのないダイエットや自己否定で苦しんでいました。

あるとき、そのイメージがどこから来たものなのか記憶をたどってみたところ、中学生の頃、同級生の男の子にいわれた「足が大根みたいだな」というたった一言だったそうです。でも、本人はそれを表面的には忘れていました。

そのときのショックがずっと心の奥《おく》にあり、「太っていたら、まただれかに傷つけられてしまうかもしれない」と、自分で自分を守るために、つらい食事制限やダイエットをくり返していました。

でも、冷静になって考えてみると、悪いのは傷つけてきた人のほうではないでしょうか。「私が太っていたから悪いんだ」と思うかもしれませんが、傷つけることをわざわざいってこない人もいるはずです。

相談者の方たちが自分の見た目に対してきびしくなったきっかけは、さまざまでした。自分に対する直接的な指摘《してき》のほかにも、いろいろなところからの影響《えいきょう》を耳にします。

たとえば、

・クラスメイトや家族、テレビに出てくる芸能人が、だれかの見た目を冷やかしたり悪口をいっているのを見たこと

・親自身が体型を気にしていて、子どもの頃から食生活や体型変化にきびしかったこと

・スポーツ競技の選手になるため減量や食生活管理をはじめたこと

きっかけは人それぞれですが、体に対する「○○であってはいけない」というおそれが、何十年経《た》っても消えず、常に自分の見た目をジャッジして自分にダメ出しを続けてしまう……。想像しただけで、つらいです。

私も、過食症《かしょくしょう》で急に体重が増えたとき、人の目が気になりすぎて、外に出ることがこわくなってしまいました。

そんなとき、問題なのは自分の見た目で、個人的ななやみだと思うかもしれません。でも、見た目のなやみは、人や社会とかかわるうちに生まれる問題です。しかも、おなじな

やみを持つ人がたくさんいるのです。

つまり、見た目になやむことは、個人の問題ではなく、社会の問題なのではないでしょうか。


こんな状況《じょうきょう》を変化させるためには、どうしたらいいでしょうか。もちろん、他者をおとしめるような個々人の意識が変わることも大事ですが、社会の価値観が変わる必要もあります。

日常的に私たちのコンプレックスを刺激《しげき》する「◯◯な人はダメだ」「こうあるべきだ」という情報が、社会にはあまりにも多すぎます。

一つひとつは小さなものですが、その積み重ねが個人の価値観になり、だれかを否定するきっかけになったり、生きづらさに変わっていくのです。

このしくみは、ティーンのうちに気づいておくことが、自分自身はもちろん、身近なだれかを守ることにつながります。

もうすでに大人になった方も、自分のなかにある「なぞの生きづらさ」を整理することに役立つのではないかと思います。
次章では、私とコンプレックスのお話をつづっていきます。

シェアしたい！ 私の失敗談

コンプレックス解消のために行動してみたものの、「後悔《こうかい》した」という経験を持つ大人は実は結構います。そんな失敗談を学びとして「みんなにシェアしたい！」というＳＮＳフォロワーの方から、リアルな失敗エピソードをいただきました。

お金をかけたけど……

●バストサイズがアップするというサプリを飲みましたが、まったく変わりませんでした。

●小学生のときに毛深さになやんでいて、ムダ毛が薄《うす》くなるというローションを買ってつかったけど、効果なし。学校の男の子に毛深さでいじられてつらかったときだったから信じちゃった。

●高額の補正《ほせい》下着のためにローンを組んで、金銭《きんせん》的にしんどい20代を過ごしました。おなじ金額でも、ジムとかにお金つかうべきだった。

私もあやしいダイエットサプリやドリンクなどを試した経験があります。もちろん効果なし！　高額の補正下着については、よく知らなかったのですが、なんと「補正《ほせい》下着に200万円つぎ込んでしまった」という人もいて、おどろきました。コンプレックスが気になるときほど、判断力は鈍《にぶ》るもの。つい好奇心をくすぐられますが、お金のつかい方には気をつけて……！

（※掲載のため、一部補完・編集しています）

第2章

私のコンプレックスとダイエット

食べ物との思い出

体型を揶揄《やゆ》された経験のなかで、いちばん古い記憶《きおく》は、保育園に通っていた頃。おなじ園の男の子に「あの子、デブ！」と指を差されて笑われたことです。周りにいた保育士さんが「そんなこといっちゃダメでしょ」という素ぶりで、男の子の口を塞《ふさ》いでいた姿を鮮《せん》明《めい》に覚えています。

でも、私は見てみぬふりをしてしまいました。なんだか、まずいものを見てしまった気持ちになったからです。

そのころの写真をいま見ると、子どもならではのぷっくりと丸い顔でムチっとした感じはありますが、太っているというより、ふつう体型。周りの女の子たちはもっと細かったのかもしれません。

私は四兄妹の末っ子として育ちました。子どもの頃は、とくに人見知りで口数も少なく、なかなか自分の気持ちを人に伝えることができませんでした。外で走り回ったりエネルギッシュに遊びまわるよりも、一人で塗り絵をしたり絵を描いたり、テレビのアニメ番組を見ることが好きなインドア派。

保育園の登園時間になるとトイレやコタツに隠《かく》れたり、仮病をつかったりして登園拒否《きょひ》していたのをよく覚えています。

そんなとき、いつもではありませんが、お手上げになった母が保育園を休ませてくれ、車で母の用事に同行することがよくありました。

なぜ登園拒否《きょひ》していたのかはよく覚えていないのですが、母に同行すると、よく行くビルにある自動販売機で、バナナやイチゴなどフルーツと牛乳のパックジュースを買ってもらえることが楽しみでした。

食べることは好きでした。いっしょにくらしていた祖母《そぼ》の部屋に行くと、いつもお茶とおかしを用意してくれて、祖母《そぼ》が好きな相撲《すもう》の番組をいっしょに見ながら、おやつの時間を楽しんでいました。相撲《すもう》のことはよくわからないけれど、両親がいそがしくさびしいときや、いやなことがあって泣いているとき、どんな私でも受けいれてくれる祖母《そぼ》の部屋は、私にとって安心できる居場所でした。兄と姉にはそれぞれ自分だけの部屋がありましたが、私にはなかったので、なにかあると祖母《そぼ》の部屋に行きました。

こじんまりとした仏間《ぶつま》の小さなコタツ、ゴロゴロできるブルーのカーペット、いつでもお茶が作れる湯わかしポット、フタつきのおかし入れにはおせんべいやちいさなチョコレート。おかしが足りなくなれば、棚《たな》にあるストックを祖母《そぼ》が取り出してきてくれました。そのどれもが、私にはあたたかかったのです。

祖母《そぼ》は戦後の食糧難《しょくりょうなん》を体験していたので、成長期の子どもが自由に食べられるということを好意的に思っていたようですし、退屈《たいくつ》なときやさびしいときは、とりあえずおかしを食べて時間が過ぎるのを待ちました。

基本的に両親はいそがしいし、兄と姉もいる四人兄妹で、家のなかはぐちゃぐちゃでした。両親は私にかまっている時間があまりなく、その代わりなのか、おかしや食べ物をよく用意してくれたり、食べたい分だけ食べさせてくれたので、「ふつうの食事量」とか「バランスのよい食事」というのが、よくわかりませんでした。

小学生で「太っている自分が悪い」と思いはじめた

小学生になると、体がどんどんぽっちゃりしてきました。

友だちはいましたが、男の子に「デブ」と笑われたり、公園で見ず知らずの女の子に「体重、何キロ？」と声をかけられて、私が答えると、友だちの輪にもどってクスクス笑われるなど、からかわれる体験が出てきます。

でも、当時の私は、「自分が太っているから悪い」と、複雑な気持ちになるしかありませんでした。怒《おこ》ったとしても「だって本当のことじゃん」「くやしかったら、やせてみれば？」と責められてしまうと思ったからです。

いま思うと、明らかにひどいことをしているのは相手のほうですが、子どもの頃にはその判断ができませんでした。

両親は、そんな私に対して「大人になったら身長も伸《の》びるし、いまは成長期だから」と、体型を否定するようなことはいいませんでしたが、兄と姉からは「デブ」「ブタ」と辛辣《しんらつ》なことをいわれていました。

「お前が太ってると、友だちに笑われるからいっしょに遊びたくない」といわれて遊びの輪から外されたり、学校の成績が悪いと「太ってて勉強もできないなんて、最悪だよ」といわれたこともあります。

大人になって改めて考えてみると、結構きつい言葉です。そしていまならわかりますが、おそらくそういってきた兄と姉自身にもコンプレックスがあったのだと思います。

いつからか、子どもだけではなく、大人にも体型についてあれこれいわれるようになりました。

小学四年生ぐらいの頃だったと思いますが、あるとき、担任の先生に呼び出され「いまのうちにやせないと、将来困ることになるぞ」といわれたのです。その先生自身、ふくよかな体格の女性で、それまで彼女もなにかいやな経験をしたことがあったのかもしれません。ですが、心配というよりも、子どもの私に厳しく指導をするような話し方がとてもこわくて、なにもいえませんでした。

風邪《かぜ》をひいて病院に行ったときには、待合室にある体重計に乗せられ、体重を読み上げられました。そして「こんなに体重があるなら、もう君は小児科じゃないでしょ」と、病院の先生や待合室にいた大人たちに笑われたこともあります。

まるで公開処刑《しょけい》されたような気分で、はずかしく、その場からすぐに逃《に》げ出したかったです。子どもにとって、大人は自分を助けてくれる存在だと思っていましたが、大人だからといって、だれもが私の味方になってくれるとはかぎらなかったのです。

そんな状況《じょうきょう》で、「やせたい」「変わらなきゃ」と思うことは自然でした。

でも、大人ですらうまくいかないダイエット。子どもの私にはダイエットなんてどうしたらいいのかわかりませんでした。

自分なりに食事を減らしたり、運動不足を解消すべく父とジョギングに行ったこともありますが、そもそも運動が苦手なので、ジョギング自体がつらかったですし、運動後は、なにをどれぐらい食べていいのかもよくわからず、子どもには続けることができませんでした。

洋服のことでも困るようになりました。

いまならプチプラの服もたくさんあり、ネットでも気軽に買えますが、当時はまだ服の値段はそれなりに高い時代。子ども用のサイズの服が私には小さくなり、なんとか着れるサイズの数少ない服をいつも着回していました。

クラスメイトに「いつもその服着てるよね」といわれたときは、気まずくてはずかしかったです。そんなふうに、とにかくずっと、自分の体に対して嫌悪感《けんおかん》がありました。自分の体なのに、居心地が悪かったのです。

D 体型でなやみが増える

中学生になると、直接的に言葉で傷つけられることは減っていきました。

でも、今度はほかの人と自分をくらべてしまうことが増えていきました。テレビで見るようなアイドルや芸能人を好きになったり、あこがれたりする年頃には、クラスでもかっこいい子やかわいい子が人気になります。

そして、それまではただ「好きな人がいる」だった状態から「好きな人と交際する」に発展し、身の回りでもだれかに告白したり、だれかとだれかが付き合ったり、ということが増えていきました。しょっちゅう恋人《こいびと》ができたり、モテる女の子は、かわいくてスリムな子でした。

「彼氏がいる」ということに、ある種のステイタスも感じていました。

「だれかに選ばれる」というイメージがあり、自分の存在価値が上がるような気がしたのです。

恋愛《れんあい》以外にも、服の問題になやむことも増えました。

この頃の私の体型はすでにLLサイズぐらいになっていて、友だちとショッピングに行っても、ティーンが着るようなかわいいデザインで大きいサイズの服が売っていなかったのです。売り場にあるのは、たいていSサイズかMサイズでした。大きいサイズの服を探すうちに仕方なく、ジーンズショップで売っている男性用の服を着るようになりました。でも、男性の体に合わせて作られた服なので、バストにゆとりがなかったり、腰回《こしまわ》りが合わなかったりして、自分にピッタリとはいえないものでした。

通信販売《つうしんはんばい》では大きいサイズの服がありましたが、大人の「ミセス」が着るようなデザインで、試着ができないからサイズ感もよくわからない。通販《つうはん》になると、親にたのんで買ってもらう必要があるし、失敗すると返品などが大変なので、なかなか買うことができませんでした。

「この服のデザインが好きだから着ている」というよりも、着られるサイズの服のなかから、仕方なく選んでいるという感じでした。そこでもまた、「やせていると好きな服を自由に着られていいなあ」と思いました。

ファッション誌を開いても、私の体型とはほど遠いスリムなモデルさんがほほえんでいて、もちろん彼女たちが

やせないと、おしゃれができないと思っていました

着ている服は、私にはとうてい着られないサイズのものでした。
だから「おしゃれしたい」と思っても、太っていたら選択肢《せんたくし》がないように感じられました。それはまるで、太っている自分は、女性として社会に存在してはいけないといわれているような気がしました。

家庭科の授業で、キュロットパンツを作る課題があったときのことも印象的でした。最初に自分の体のサイズをメジャーで測ってもらい、用紙に記入し、規定のサイズの型紙でキュロットパンツを作るという流れです。このとき、先生にこっそり呼び出されたのです。

「なんだろう?」と思っていると、「実はこの授業で使う課題のキットには、あなたのサイズの型紙がなくてね、着れないサイズの服を作ることになるけど、いい? でも、これは裁縫《さいほう》を学ぶ授業だから。作ることに意味があるから」と小声で説明されました。

「あー……はい、大丈夫です」と、しれっと返事をしたものの、「私はふつうからはみ出している、やっぱり規定外の体なんだ」と改めて実感したことを、よく覚えています。

結局、でき上がったキュロットパンツは、家のタンスの奥《おく》につっこんで、見えないようにしてしまいました。

好きな人のためにダイエット！

私が思春期をむかえた一九九〇年代後半ごろは、いわゆるギャル系ファッションやテレビの健康番組がブームになっていました。

毎週さまざまなダイエット方法がテレビで紹介され、どれぐらいやせるかを検証する番組が大人気でした。納豆ダイエット、黒酢《くろず》ダイエット、プチ断食ダイエット……。そういった偏《かたよ》ったダイエット情報が当たり前に身近にあり、「こうしたら〇kgやせた！」という情報を友だちともシェアすることもあり、見よう見まねでダイエットを試していくことも増えていきました（ちなみに、ある人気番組では二〇〇七年にダイエット実験データのねつ造が発覚。番組は打ち切りになり、健康番組ブームは終えんを迎《むか》えます）。

高校生になると、より一層、見た目に対するコンプレックスは強くなりました。周りの友だちがストレートパーマをかけたり、メイクをするようになったり、もっと見た目やオシャレに気をつかうようになっていきました。自分なりにがんばってみましたが、友だちとならんだ写真を見ると、やはり自分は明らかに体が大きく、劣っているように見えます。

太っている自分はなにをしてもダメだという気持ちがぬぐえませんでした。友だちは私の見た目をバカにしたり、つらい言葉もいいませんでした。でも、前章でお伝えしたように、私はなかなか恋愛《れんあい》がうまくいきませんでした。だから、だれにいわれたということがなくても、「やっぱり太っているせいだ」「かわいくないからだ」と、コンプレックスはより強くなりました。

そしてあるとき、好意を持っていた年上の男性に「やせてほしい、やせてくれたら付き合うよ」といわれたのです。

それがきっかけで、本格的なダイエットをはじめました。

最初は、おかしや炭水化物をぬいたりする、よくあるダイエット方法でした。白米をなるべく食べないよう、学校の昼食には、わざわざ家からおそばやお豆腐《とうふ》（！）を持っていって食べていたこともあります。

そんなストイックな私に対して、友だちは「それだけで足りるの？」「もっと食べなよ」

と心配してくれていました。でも、もはや私には余計なお世話のように聞こえます。「ここで誘惑《ゆうわく》に負けたら、また太っちゃう！」と思って「だいじょうぶ、だいじょうぶ！」と返していました。

やせている友だちは、ポテチやアイスなども自由に楽しそうに食べていました。でも、私は小腹が空いても、ゼロカロリーのゼリー飲料でがまん。毎月のようにダイエット雑誌を買って、ダイエットのモチベーションアップをしていました。いまの時代なら、インスタグラムのダイエットアカウントを見ているようなものです。

なぜ私がそんなにダイエットにストイックになったのかというと、やせることで好きな人に認めてもらいたかったから。

そして、彼に愛されれば、私の鬱屈《うっくつ》とした人生が変わって、幸せになれると本気で思っていたからです。しかしそれは、その後も長く私自身を苦しめる呪《のろ》いになっていきました。

「やせたね」といわれて加速した承認欲求《しょうにんよっきゅう》

ストイックな食生活とハードな運動を続けた結果、高校を卒業して十八歳になる頃には、かなり体重が減りました。最終的に三〇kgもやせました。

「やせたら付き合うよ」といっていた男性と本当に付き合うことになりました。「オレのためにこんなにやせてくれるなんて、うれしい！」「やせると絶対かわいくなると思ったんだよね」と彼は私をほめてくれました。

やせたことで、それまでただ雑誌で眺《なが》めることしかできなかった流行りのブランドのスカートが着れるようになったときは、自分でもおどろきました。

以前は着れないサイズばかりなので、ファッションビルにすら入るのがこわかった状態から、堂々と服選びをして、店員さんに自分から声をかけて試着室に入り、「もっと小さいサイズのものはありますか？」と聞くほどにまでなったのです。

周囲の人に「やせたね」「足がきれいだね」とほめられたり、いままで見向きもされな

やせて人生が変わった！と思っていた頃の私

かったのに、街で男性に声をかけられ、チヤホヤされたり、いままでの人生で経験しなかったことが起こるようになりました。

私をあらわす言葉が「太った人」から、「女性」に変わったような気がしました。

とくに、太っていた頃の自分を知っている人に久しぶりに会うと、とてもおどろかれ、それまで感じたことのないぐらいの快感を感じました。「やせるとほめてくれる」「やせると認めてくれる」。それは、いままで私の体型を揶揄《やゆ》してきた人たちを見返せるような、達成感や優越感があったのです。まるで、人生が変わったような感覚になりました。

一方で、体に対するコンプレックスが消えたのかというと、そうではありませんでした。ボディラインやメイクの仕上がりが気になって、一日に何度も鏡を見たり、電車の窓やショーウィンドウに映る自分の姿をよくチェックしました。たしかにやせたはずなのに、まだ自分の体が太っているようにも感じていて、自分の見た目を整えようと常に必死でした。体の変化に心が追いついていないような不思議な感じです。

そして、私の価値観が変わっていく出来事もありました。

恋人《こいびと》が街にいる知らない人を指して、「うわ～あの人見て、すごいデブ。でもお前も前はあんな感じだったよ。やせてよかったね」といってきたのです。そんな彼に対して、「そういうことというの、失礼じゃない？」といっても「でも本当のことじゃん」と返されてしまいました。

そして、「みんなはわざわざいわないけど、友だちは太ってたお前のことをバカにしてたはずだよ」「お前だって本屋でボロボロになった雑誌ときれいな新品の雑誌があったら、中身はおなじでもきれいな雑誌の方を買いたいでしょ？　それとおなじで、人は結局、見た目が大事なんだよ」と正論のように諭《さと》されていくようになりました。

彼とは毎日のように電話で話していました。そんな話をくり返し吹きこまれるうちに、だんだん彼の考えに感化されて「もうあんなだらしない体型にはもどりたくない」「食事を節制できないのは自己責任」と、太っていた過去の自分や他人を心のなかで見下すようになっていたのです。

昔、あんなにいやだと思っていたいじわるな人間に、私もなってしまいました。

ちなみにこの思考も、後々の自分に対する呪《のろ》いを強めることになりました。

SNSでは、ダイエットに成功した人が太っていた頃の自分自身や他人の体型を見下すような発言を目にすることがよくあるのですが、このときの自分を思い出すようで、胸が痛みます。

D 生理が止まった

さて、その恋人《こいびと》が、やせた私を手放しで愛してくれたのかというと、そうではありませんでした。

たしかにほめてはくれたのですが、それはやせたときだけ。少しでも体重が増えると、「なに食ったんだよ」「だからお前はダメなんだ」「もうお前には呆《あき》れた」と、ダメ出しの嵐《あらし》。「毎日体重を測って、なにを食べてるか、オレにメールで送って」とさらに厳しいダイエットを指示されるようになりました。

いっしょに食事に行っても、「お前はサラダしか食べちゃダメ」と、勝手に食べるものを指定されたり、とにかくすべての命令にしたがわなければならず、楽しいデートではありませんでした。

勘《かん》のいい人はここまで読んできて、もうおわかりかと思いますが、彼がしていることは、「モラハラ（モラル・ハラスメント）」でした。

モラハラとは、相手の自尊心や気持ちをふみにじり、精神的に傷つけることを指す言葉です。精神的な暴力ともいわれていますが、モラハラしている本人は自覚していない場合がほとんどです。

彼も「とにかくオレは正しい！」「オレのいうことを聞いておけばいいんだよ！」というタイプで、私の体型だけではなく「髪《かみ》はロングがいい」「もっとギャルっぽいメイクやファッションがいい」「お前はスッピンがブスだから、オレに会うときは絶対メイクしてこいよ」などなど、一方的な注文をつけてきたのです。

いつまで経《た》っても、安心できる愛情を感じることができませんでした。

やっとの思いで三〇kgやせたときも、「もう三kgやせてよ、お前ならできるよ」と、さらにゴールが伸びて、終わりがありませんでした。

なにからなにまでコントロールされることが苦しくて苦しくて、けんかになっても「愛してるからいってるんだ」「こんなにお前のことを考えてやれるのはオレしかいないぞ」が決まり文句（これはモラハラの人がよくいうセリフで、危険信号です）。

それでも当時の私は「この人と別れたら、ほかに付き合ってくれる人なんていない」「この人に認められたい」と、なかなか離《はな》れることができませんでした。

もはや、共依存状態《きょういぞんじょうたい》でした。

こうして、モラハラ彼氏に影響《えいきょう》され続け、私はいつの間にか一日中やせることばかり考えるようになっていました。

「運動しなきゃ、カロリー消費できない！」と強迫《きょうはく》観念にかられ、朝起きて運動、バイトに行って、夜にはまた運動。

ある日は、前が見えないほどのゲリラ豪雨《ごうう》に遭《あ》い、プールに行けず運動ができなかったことを彼に話すと「雨ぐらいでいいわけするんじゃねぇよ！」と怒鳴《どな》られたこともあります。

彼によくいわれていたことは「食べなきゃ、やせるんだよ」という言葉です。

それを鵜《う》のみにして、がんがん食事量を減らし、食べられるものは、お豆腐《とうふ》、野菜、豆乳、野菜ジュース……。だんだんと固形物を食べることがこわくなっていました。

栄養に関する本や、きちんとしたダイエット情報にはかならず、「一日に必要なカロリーはかならずとるようにしましょう。摂取《せっしゅ》カロリーを抑《おさ》えすぎてはいけません」と書いてあります。

でも、食事量を減らせば減らすほど、どんどん減っていく体重を見て、「な〜んだ！食べなければ食べないほどやせるじゃん！」と思ってしまったのです。

この思いこみが大きな間違いです。摂食障害《せっしょくしょうがい》になりやすくなる思考のミスリードなので、読者のみなさんは決して真似をしないでください。

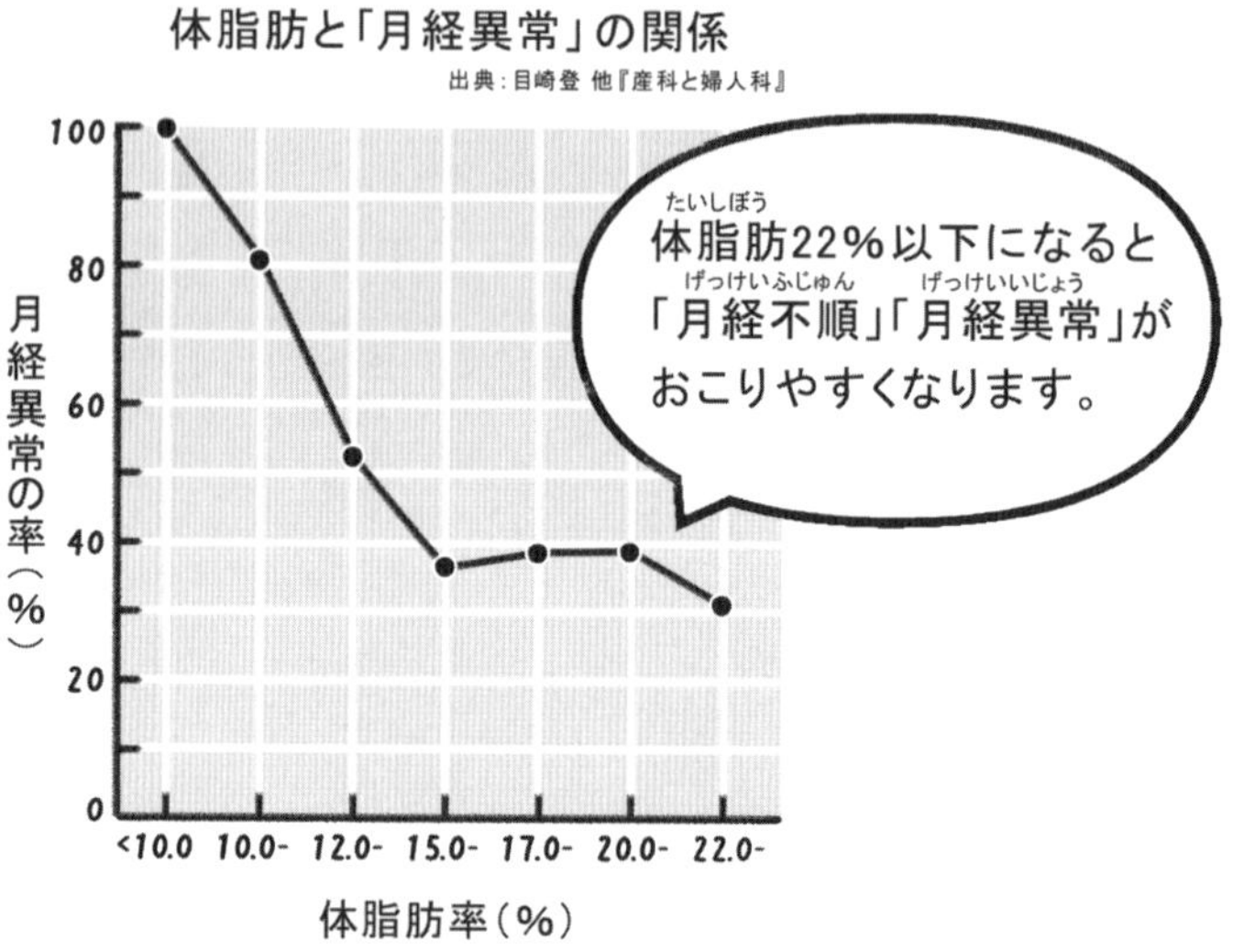

生理が止まるようなダイエットは健康的ではありません

ストイックな食事制限と、強迫的《きょうはくてき》に行う毎日の運動。気づくと生理不順になっていて、数ヵ月生理がないことも当たり前でした。

ダイエットや運動などで体脂肪率《たいしぼうりつ》が22％以下になると、月経不順《げっけいふじゅん》・月経異《げっけいい》常《じょう》がおこりやすくなるといわれています。

また、「体重減少性無月経《たいじゅうげんしょうせいむげっけい》」は、体重5kg以上もしくは体重の10％以上の減少や、体脂肪率《たいしぼうりつ》が17％以下になった場合におこります。ダイエットやスポーツのほかに、ストレスによる体重の減少も原因の一つだそうです。

（参考：『HUMAN ＋ 女と男のディ

クショナリー（改訂版）』日本産科婦人科学会、日本思春期学会HPより）

私は身体がふらふらしたり、ほかの不調も出ていました。イスに座っていると、お尻《しり》が痛みます。やせたことで無くなった脂肪《しぼう》は、それまでクッションの役割を果たしてくれていたようです。その話を恋人《こいびと》にすると、それらは私がダイエットをがんばった証《あかし》だといいはって、心配する素ぶりもありませんでした。

ここまで追いこむタイプの人はめずらしいと思いますが、そもそも恋人に対して「やせてよ」なんてリクエストしてくるような人は要注意です。

過食は「必要なこと」だった

あるとき、そんな絶食に近い食生活が、今度は異常な「過食衝動《しょうどう》」へと転じました。「過食」とは、一度にたくさん食べてしまうことです。

それは、張りつめた糸がぷつんと切れたようにはじまりました。

きっかけは、職場で感じたストレスでした。イライラして、あまいものをちょっと食べるつもりが、止まらなくなってしまったのです。

もはや「お腹が空いているから食べる」という正常な食欲ではなく、とにかく口に食べ物を入れていないと、そわそわイライラして落ち着くことができませんでした。お腹いっぱいでも、苦しくてもやめられません。実家暮らしだったのですが、家にある食料を手当たりしだいに食べ、母に呆《あき》れられたこともあります。

過食のときに食べたくなるものは、とくにダイエット中にがまんしていたあまいものや炭水化物、おかしやジャンクフードばかりでした。そして過食したあと、かならず後悔と罪悪感におそわれ、気分が激しく落ちこみました。

ダイエットしたいのに、過食で体重がどんどん増えることで自己嫌悪《じこけんお》したり、細かった手足がどんどん太くなり、顔もどんどん丸くなる自分がみにくくなっていると感じ、精神的にもどんどん不安定になりました。

お気に入りのスカートもウエストのホックが閉まらなくなってしまいました。太ったことで、恋人にもダメなやつだと罵倒《ばとう》され、自分でもそう思いました。

やせたときは、「世の中を見返した」と思っていました。そこからまた元に戻っていってしまうことは、かなりつらかったです。

食べたものを体の外に出した気分になりたくて、下剤《げざい》をつかうこともありましたが、下《げ》剤乱用《ざいらんよう》は危険だという情報を見て、過食をした次の日は断食《だんじき》をしたり、極端《きょくたん》な食事制限をするようになっていきました。

心身のバランスはくずれ、なんだかおかしいと思いはじめ、調べてみると摂食障害《せっしょくしょうがい》かもしれないと気がつきました。

おそらくはじめは、ダイエットによる低栄養状態からの、異常《いじょう》な食欲とリバウンドでした。でも、たくさん食べることの感覚や興奮《こうふん》状態を体と脳が覚えて、コントロールできなくなってしまったのです。

そんな状態になって精神的につらいことを恋人に話しても「お前の意志が弱いからだ」「過食症なんてあまえだ、いいわけするな」とつっぱねられて、いっさい理解してもらえません。

思いきって勇気を出してクリニックにも行きましたが、当時の医師の対応があまりいい印象ではなく、治る気がせず、通院をあきらめてしまいました。

「彼はやっぱりどこかおかしい」と気がついてモラハラ彼氏とは別れましたが、「やせないと愛されない」「太っている私はダメ人間だ」という呪《のろ》いは解けませんでした。

食べることのなやみを隠《かく》しながら日常生活をおくり、なんとか仕事もしていたのですが、あるとき会社内で仲良くなったグループのなかに好きな人ができて、付き合うことになりました。

彼はとても優しい人で、付き合ったあとに、過食症《しょう》でなやんでいるという事情を話したところ、「もうそんなに無理してやせないでいいよ」「君のままでいいんだよ」という言葉をかけてくれました。でも、私はどうしてもやせなきゃという気持ちが大きく、その言葉を素直に受け入れることができません。だれになにをいわれても、太っている自分が許せなかったし、そんな自分が愛されるはずがないと思っていたのです。

「みんな口ではきれいごとをいうけど、人は結局見た目が大事。私がやせた方が彼はきっと喜ぶはず」と、元彼にいわれた言葉を、私自身も心から信じるようになっていました。

そのうち、過食症《しょう》の影響《えいきょう》で起きる気分の波に彼を巻きこむことに罪悪感《ざいあくかん》を感じ、私はその優しい恋人に一方的に別れを告げてしまいました。

病院がダメなら自力で解決しようと心理学の本や摂食障害《せっしょくしょうがい》に関する本を読んだり、経験者のエピソードを参考にしようとしましたが、明確な答えは見つかりませんでした。

調べてみてよくあったのは「理解のある恋人《こいびと》（配偶者《はいぐうしゃ》）と出会って摂食障害《せっしょくしょうがい》が治った」という話です。でも、私は理解ある恋人《こいびと》に出会っても、変わることができませんでした。


この頃の私にとって、過食症《しょう》はいったいなんだったのでしょうか。

人にいいたいことがうまく伝えられず誤解《ごかい》されたようなとき、がまんしなくてはいけなかったとき、物事がうまくいかなくて複雑な気持ちになったときほど「過食したい！」という衝動《しょうどう》が出てきました。家に帰る時間まで待ちきれず、会社帰りに立ち寄ったトイレで隠《かく》れるようにパンを口につめこんでいたときは、自分でも虚《むな》しくてたまりませんでした。

でも、モグモグ食べているその瞬間《しゅんかん》だけは、心がザワザワした感じがなくなるような気がしました。ひとつのパンやおかしを食べ終わるのは、せいぜい数分です。だから、たくさん買いこんで、少しでもその時間を引き伸ばしているような感じでした。

お腹ではなく、心がすいて食べていたのです。

もちろん、その姿はだれにも見せられません。

そんな大変な状態でもなんとか働いていましたが、過食で気持ちが落ちこみすぎて、急に仕事を休んでしまうこともありました。友だちとの予定もドタキャンしてしまうことがありました。周りに迷惑《めいわく》をかけたり、疎遠《そえん》になってしまったこともあります。

そういった意味でも、私にとって過食症《しょう》は、つらいものでした。

でも一方で、そのときの私には必要なものだったといまはわかります。

人を信じることができず、助けを求められない。そんなとき、食べ物だけは、なにもいわず、私と一体になってくれたからです。

コンプレックスの根っこにあったもの

中学生の頃、私は自分の心に大きな穴があいているということに気づきました。

みんなは当たり前のように持っている「なにか」が、私には足りない。

でも、それがなになのかは、当時はよくわかりませんでした。そして、だれも私のことをわかってくれないような、さびしさを感じていました。ちょうどその頃、祖母の介護や入院があり、家庭内も不安定な時期でした。家にも学校にも、私の安心できる居場所がないように感じていました。

私は子どもの頃から、自信がなく、常に劣等感《れっとうかん》がありました。

なぜそんなに、自信がなかったのでしょうか。

両親は、私を否定するようなことはいいませんでした。でも、ほめられた記憶もあまりありません。兄と姉たちには、勉強やスポーツ、芸術といったように、それぞれ得意分野がありました。家のなかには、彼らの賞状が飾《かざ》られ、なにかを成《な》し遂《と》げるたびに、母は鼻高々に喜んでいました。

でも、私には得意なものがなにもありませんでした。勉強もスポーツもきらいだし、絵もたいして上手じゃない。みんなとちがって、私には、なにもない。私にも、なにか特別な才能や秀《ひい》でているものがほしい。そうすれば、だれかにほめられたり、評価されるかもしれない。そして、自分の居場所ができるかもしれない。

私にとってダイエットは、そんな状況《じょうきょう》を一発逆転させてくれる魔法《まほう》のような魅力があると感じていたのかもしれません。

シェアしたい！

私の失敗談

ダイエットで後悔……

●「○○しか食べない系ダイエット」で失敗。拒食症《きょしょくしょう》から過《か》食症《しょくしょう》になり、数十キロリバウンド。結局、給食みたいな食事が１番◎

●食べないダイエットで下剤依存《げざいいぞん》になりました。
無知はこわいです！

●クラスにとけこみたくてダイエットがんばったけど、摂食《せっしょく》障害《しょうがい》になっちゃった。自分を過小評価しすぎた！

極端《きょくたん》なダイエットで不健康におちいってしまった人がたくさんいました。短期間ですぐに体重が減るものや、栄養バランスを無視した方法などは、とくに要注意ですね。それに、どんなに話題のダイエット方法でも、リバウンドした方法は自分に合っていない方法だったということ。くり返すと「沼《ぬま》」にはまります！

（※掲載のため、一部補完・編集しています）

第3章

「ボディ・ポジティブ」との出会い

絶望の淵《ふち》に立っていた

転機になったのは、二五歳《さい》でした。その頃の私は、かなりうつうつとした日々をすごしていました。

前年に東日本大震災《ひがしにほんだいしんさい》が起きた影響《えいきょう》もあるかもしれません。理由もなく、気持ちが不安定になることが増えました。

やりがいのある仕事をしていたのですが、急にモチベーションをうしない、なにをしても「うわの空」になってしまいました。

当時は、友だち二人といっしょにルームシェア暮らしをしていたのですが、家族以外とはじめての共同生活ということもあり、気をつかいすぎて心から落ち着くことができませんでした。でも、そんな複雑な気持ちを友だちに打ち明けられなかったのです。同居しているのに、とにかく一人になりたくて、自分の部屋にこもるようになっていきました。

あらゆる面で無気力で、人とかかわることも億劫《おっくう》になり、一日フルタイムで働くこともつらくなってしまいました。なやんだすえに仕事を辞め、家の近くでたまたま見つけた会社でアルバイトとして働くことにしました。

新しい仕事は、データ入力や画像処理をするデスクワークの仕事でした。慣れてしまえば仕事内容にむずかしさはなく、チームワークが要らず、職場でだれかと話す必要もなかったので、黙々《もくもく》と作業をして一日をすごしていました。

家から歩いていけるところに会社があったので、毎朝ギリギリに起きて、いつもおなじような格好で、体を引きずるように会社に行きました。

当時は料理が苦手だったので、たいてい帰りがけに外食して、日によっては、さらにおかしやあまいパンを買って帰り、自分の部屋でこっそり過食する生活をおくるようになっていました。

転職して収入が減ったにもかかわらず、食べ物にお金を費やし、浪費癖《ろうひぐせ》で貯金もなく、いつもギリギリの生活でした。長時間働くこともつらいし、お金がないのもつらい。過食もつらい。でも、生きるために必要な家賃や保険料などを支払うために働かなくてはいけません。すべてがうまくいっていませんでした。

まるで、本来の自分がせまい操縦席《そうじゅうせき》に座り、「私のからだ」というロボットに乗って、外側の世界を見ているようでした。

なにをしていても、ぼーっとしてしまい、心がゆれず、喜怒哀楽《きどあいらく》の実感が遠く感じられ、自分が自分でないような不思議な感覚でした。

摂食障害《せっしょくしょうがい》の不安、将来の不安、お金の不安、友だちとの暮らしの不安……。

右も左もわからないけれど、一歩まちがえたら真っ暗な闇《ダークサイド》に転落してしまうような、絶望の淵《ふち》に立っている気分。

そんなときに「あなたが好きなことをやりましょう」というポジティブなアドバイスがあっても、具体的に自分がなにをしたいのかわかりませんでした。占いに行ってみたり、気分転換《てんかん》になるようなことにチャレンジしても、自分を変えることはできませんでした。

インターネットで摂食障害《せっしょくしょうがい》を専門とする病院を調べてみると、受診《じゅしん》できるのは数ヵ月先。

しかも、通院費も私にとっては高額でした。

同居している友だちに摂食障害のことを打ち明けるべきかも悩《なや》んでいました。

人生を変えたターニングポイント

そんな切迫《せっぱく》した日々のなかで、思わぬ出来事が起きました。

それは、仕事の業務の一環《いっかん》として、たくさんの人のプロフィール写真を見ていたときのこと。毎日、たくさんの人の全身写真と顔写真を規定のサイズに調整していく業務があったのですが、数千人という人の写真を見ているうちに、一人ひとりの姿形がまったくちがうという当たり前のことに気がついたのです。

顔の造形はもちろん、耳や鼻の細かなパーツも、体のシルエットも、一人ひとりがちがいます。似ていることはあっても、よく見るとちがいました。

プロフィール写真なので、ぽっちゃり体型の女性も、にっこり笑顔で写っています。そこでふと、「あれ？　もしかして、ぽっちゃりしていても幸せな女性っているんじゃない？」と疑問に思いました。

それまで、私が抱《いだ》いていたぽっちゃり体型の女性のイメージは、ダイエット広告やダイエット特集でよくある「ビフォー・アフター」の「ビフォーの人」でした。不幸そうで、不満そうで、だらしない。でも、実は私は、それらのイメージをそのまま鵜《う》のみにして、コピー&ペーストするように内面化してきたのかも？　と、気づいたのです。「内面化」とは、社会にある価値と規範《きはん》を、自分の価値観として受け入れることです。

それから次々と、自分の当たり前の価値観を疑うような考えがうかんできました。

もしかして、本当は体型や見た目にかかわらず、幸せに生きている人ややりたいことをやっている人がいるんじゃない？　それなのに、私はおばあち

見た目も人生もみんなちがうことにハッと気がつきました

ゃんになるまで、ずっと見た目のなやみをかかえ続けて、食べることに罪悪感《ざいあくかん》を抱《いだ》きながら生きていくの？　それってすごく損した生き方をしてるんじゃない？　と、自問自答していきました。

そして、世の中にいる人間は、一人ひとりの姿形がまったくちがうのに、いったい私はだれになりたかったんだろう？　という疑問が湧《わ》いてきました。

それはまるで雷《かみなり》に撃《う》たれたかのような発見で、私の価値観が大きくゆさぶられました。

思い返せば、高校生からダイエットをはじめて、見た目にこだわるようになり、過食症《しょう》になり、大人になっても「ああだったら」「こうだったら」と、私は何年もずっとおなじなやみをくり返してきました。

「太っている私がだれかに愛されるはずがない」「太っているから積極的になれない」「おしゃれはやせてから」「太っていると人にバカにされる」「過食症《しょう》でダメ人間だから一人になりたい」など。あきらめたり、おあずけにしてきたことがたくさんありました。太っている自分はみにくくてだらしないし、生きている価値がないと思っていました。

でも、社会的な価値観やだれかにいわれたことを鵜《う》のみにして「こんなんじゃダメだ」「もっと◯◯じゃなきゃ」「許せない」と、ずっとダメ出しをしてきたのは、だれよりも自分自身だということに気がつきました。

それに、子どもの頃からぽっちゃりしていたのは、体質かもしれない。

そこで「もしかしたら、太っていることが原因なのではなくて、いままでずっと自己否定してきたから、いろいろなことがうまくいかなかったんじゃない？」「自分の体を否定するのをやめて、受け入れて生きてみたら、どうなるんだろう？」と、思い立ちました。

「自分を受け入れる」

それは、いままでの生き方と正反対のことでした。ちょっと勇気のいることですが、「自分を否定する」といういままでのやり方では、ずっとうまくいかなかったのです。

だったら、その反対のことをしてみたらいいかもしれない。この先どうなるかはわかりませんでした。でも、私は自分の人生で実験してみることにしたのです。

ハンバーグが敵じゃなくなった！

まず、食べ物との付き合い方を見直してみました。

高校生の頃からそのときまで、私の行動の中心にあったのは、なによりもダイエットでした。コンビニでもレストランでも、なるべくカロリーの低いものを選んでいました。よくダイエット情報では、摂取《せっしゅ》カロリーの重要性が指摘《してき》されます。「いつも飲んでいるジュースをお茶にかえてカロリーオフ！」「パスタの代わりに白滝《しらたき》にしよう！」というようなものです。

このようにカロリー重視で飲食物を選ぶことは、ダイエットに対する意識があってすばらしいと思う人もいるかもしれません。でも、私にとっては、それこそが過食をやめられなくなっている考え方かもしれないと気がついたのです。

私の食生活は、長いあいだ「あれを食べたら太る」「これを食べたらダメだ」「だから○○を選ぼう」というふうに、自分の気持ちを後回しにして、カロリー情報優先のダイエット思考で食べ物を選ぶことが当たり前になっていました。一時期はそうして実際に体重が減った「成功経験」があったので、ダイエット思考で食べ物を選ぶことをやめたら太ってしまうと思っていました。でも、実際は、がまんするほどストレスになり、それが一気に過食につながり、太っていたのです。

たとえば、本当はハンバーグが食べたかったのにがまんして、代わりにお豆腐《とうふ》を食べるとします。摂取《せっしゅ》カロリーはおさえられますが、ハンバーグが食べたかった「私の気持ち」は満たされません。別のときにも食べたくもないものを食べ「私の気持ち」を無視します。それをくり返していくうちに、無視していた私の気持ちが「私の声を聞いてよ!」と、過《か》食衝動《しょくしょうどう》となって爆発《ばくはつ》していることに気づいたのです。過食はとにかく食べる量をたくさん欲《ほっ》します。結果的に、過食をすることで本来食べたかったもの以上のカロリーになっていましたし、苦しくて、自己嫌悪《じこけんお》になり、身も心もボロボロでした。

だからまず、はじめから自分の本音に耳を傾《かたむ》け、食べたいものを素直に食べてみるという実験にチャレンジしてみることにしました。

「今日はなにが食べたい? なにを食べたら気持ちが満たされる?」という質問です。

自分自身に返ってくる答えは、そのときそれぞれでした。

「温かいものがいいな」「トマトスパゲッティーがいいな」「たまごサンドがいいな」「中《ちゅう》華《か》料理がいいな」。答えが出たら、なるべく、その回答のものを自分に食べさせてあげることにしました。

ダイエットをはじめてからずっと「とにかく少なく食べるほうが良い」と思いこんでいたので、ご飯、みそ汁、おかず、といったような定食をきちんと食べることに対しても抵《てい》抗《こう》がありました。でも、食べたいなら食べて、おいしく味わうことにしました。

食べたいものが家になければ、わざわざ買いに行ったり、自分で料理したり、手間をかけて用意して食べるようになりました。

すると、自分の気持ちを素直に聞いて、叶《かな》えてあげられたという達成感がありました。

以前は、どれだけ食べても心が満たされず「お腹いっぱいでも過食がとめられない」という状態だったのに、自分の気持ちを素直に聞いて食べる方法に変えてから、「お腹いっぱいだからもうこれ以上はいらない」という体の感覚がわかるようになっていきました。

やっと心が満たされて、体の声がわかるようになったのです。

毎日体重計に乗ることもやめました。

体重の数値で一喜一憂《いっきいちゆう》し、私のメンタル状態を左右していたからです。やせたときに着ていた服も、思いきってすべて処分しました。現状より小さいサイズの服はダイエットのモチベーションになるという話もありますが、私が見ると「やせなきゃ」「こんな自分はダメだ」と、ネガティブなプレッシャーになっていたからです。処分するのは少しもったいない気持ちもありましたが、服のトレンドは頻繁《ひんぱん》に変わりますし、もしまたなにかの拍子《ひょうし》に体型が変わり、やせたときがきたら、そのときにまた買えばいいと思いました。

そうして、いまの自分の体に合うサイズの服を着るようにしました。

ダイエット広告やダイエット情報もプレッシャーになるので、見かけてもなるべく視界から遮断《しゃだん》し、距離《きょり》をとるようにしました。

ちょうどそんなタイミングで、なやみの一つになっていた友だちとの同居も解消して、自炊《じすい》する生活になりました。料理の面白さにも気がつき、どんどん生活が変わっていきました。

数ヵ月後、気がつくとわたしはふつうに食べることができるようになっていました。仕事などでストレスを感じても、過食をしたいという気持ちにならない。むしろ、過食ができなくなっていたのです。太るのがこわくて嫌悪感《けんおかん》を感じていたハンバーグやラーメンも、もう敵ではなくなっていました。

ずっと「ふつうに食べたら太る」と思っていたのに、心が満たされて過食をしなくなったことで、太るどころか、自然と体重も減っていました。

それでもまだぽっちゃりした体型でしたが、「ただそこに存在しているもの」という感じで、自分への「太っていてみにくい」という歪《ゆが》んだ認知《にんち》がなくなっていたのです。

やせたいと思うほど過食して太っていたのに、ぽっちゃりしている自分を受け入れることにしたら食べ物への執着《しゅうちゃく》がなくなり、過食がなくなり、体重が落ち着いていった。まさかの展開におどろきました。それまでは過食をくり返し、しょっちゅう体型が変わっていたため、すぐ服のサイズが合わなくなることがありました。でも、大幅《おおはば》に体重が変化をしなくなったことで、服選びもラクになりました。

二六歳《さい》になって、「やせなきゃ」の呪《のろ》いがようやく解けたのです。

ダイエットに人生が乗っ取られていたのかも

私にとって、太っていることは、「だれからも目に見えてわかる欠点」でした。だからはずかしいし、バカにされても当然で「とにかくこの欠点を直さなければ人生がはじまらない」と必死でした。

でも実は、体型は「私の特徴《とくちょう》の一つ」であって、それをバカにしてくる人と一緒になって自分を責めることが、なによりも自分を不幸にしていました。

欠点をなくすためのダイエットが生活の最優先になっていたせいで、いつも目の前のことを楽しめなくなっていました。食事制限のために人といっしょに食事をするのを避《さ》けたり、無理して人に合わせたときは「あとで調整しなきゃ」と焦《あせ》ったり、計画通りに運動できないときは自分を責めたり、友だちと会う約束をしていても、過食で気分が落ちこんでドタキャンしたり、旅行に行っても太る心配をして、心から旅を満喫《まんきつ》できませんでした。

なにかがうまくいかないときほど、「自信がないからだ」「自信をつけるにはやせることが必要」「やせればうまくいくはず」という考えが頭をよぎり、ダイエットで頭がいっぱいになり、集中力がなくなりました。苦しさを隠《かく》しながら、人前ではふつうのように自分を取りつくろったり、仕事をするのも大変でした。

太っている自分はみにくく、だらしなく、なんの価値もない。そう思いこんで、太るぐらいなら死んでしまいたいと思ったこともあります。

のちに知ったことですが、摂食障害《せっしょくしょうがい》は精神疾患《せいしんしっかん》のなかでも、もっとも死亡率が高いといわれています。

低栄養による問題で亡くなる場合もありますが、人生に行きづまりを感じ、自殺で亡くなるケースも多いというのです。

食べることは、生きているかぎり毎日くり返されるもの。

そして、人とのかかわりのあいだに食事があります。それなのに、毎日食べることに対して罪悪感《ざいあくかん》や不安を感じながら生きていたのです。生きた心地がしないのは当たり前でした。

過食症《しょう》から回復したことで、そのような大きななやみがなくなることは、霧《きり》が晴れたような開放感がありました。そして、だんだんと自分の視点で物事を見れるようになっていったのです。完ぺきじゃなくてもいいから、理想のだれかのような人生ではなく、自分のオリジナルの人生を生きようと思いました。

体型以外でも、自分は欠点だらけだと思っていました。

でも、過去の人生をふり返ると、それでもなんとかやってこられたことに気がついたのです。たとえば、性格については、考えすぎたり落ちこみやすい自分を変えたい、と思って悩んでいました。でも、それも自分の特徴《とくちょう》で、「そもそも私はそういう人なのかもしれない」という視点になってみると、もはやそれは、欠点ではなくなりました。

いつもネガティブな感情の波があり、「こんなこと考えちゃダメだ」と、ダメ出しして抗《あらが》っていましたが、「あー、いまはこういう時期なんだな〜」と、波にうかぶように力をぬいたほうが、それらの問題は抗《あらが》うよりも早く、小さくなっていきました。

そうやって少しずつ自分を受け入れることで、以前よりもラクに生きていけるようになりました。そして、よくならないと思っていた過食症《しょう》が治った経験や、女性が陥《おちい》りがちなダイエット思考、社会にあるボディ・イメージの罠《わな》について、多くの人に伝えてみたいと思うようになりました。

でも、どうしたら……？

『ラ・ファーファ』という革命

二〇一三年二月。ネットのニュースで、ぽっちゃり女子のためのファッション誌『ラ・ファーファ』（文友舎）が、新しく発売されること、そしてその雑誌に出演する読者モデルを募集していることを知りました。

私が過食症《しょう》から回復して、なにかやりたいんだと話していたら、友だちから「こういうの、なおちゃんに向いてるんじゃない？」とモデル応募を薦《すす》められました。

大きいサイズの女性ファッション誌が発売されるなんて、ファッションに困っていた思春期の私からしたら、想像すらできなかったことでした。

過食症《しょう》の問題を解消し、私は自分の体を受け入れ、体に合うサイズの服を着るようになっていました。でも、「どこで服を買ったらいいのかわからない」「おしゃれに興味はあるけどやり方がわからない」「雑誌を見ても参考にならない」というファッションについての疑問や不満がまだまだありました。


もし、私がモデルになったら、昔の私のように体型でなやんでいる女性のために、なやみを解決する手助けをしたり、いろいろとできることがあるかもしれません。

もともと、私は人を楽しませることや、人に喜んでもらえるような仕事がしたいと思っていました。どうなるかはわかりませんが、『ラ・ファーファ』のモデルになることって、まさに自分のやりたいことにピッタリで、自分だからこそできることなのでは⁉　と思ったのです。

そこでさっそく読者モデルの応募写真を撮《と》りました。


その夜、奇跡《きせき》が起きました。

友だちの手伝いのため訪れていたイベントで、とある男性に声をかけられたのです。

「すみません、ぼく、こういう者なんですが……」と手渡《わた》されたのは、出版社の名刺《めいし》。

「今度、『ラ・ファーファ』っていう、ぽっちゃり女子向けのファッション誌を作ることになって……」

なんと、その人は『ラ・ファーファ』の編集部のスタッフでした。

「あっ！　わたし、ちょうど読者モデルに応募しようとしてました。今日写真を撮《と》って、明日には応募《おうぼ》しようと思ってたんですよ」

「ええ！　それなら話が早い。来週、撮影《さつえい》予定があるんですが、モデルをやる予定の人が急に参加できなくなって、代わりの人を探してたんです。もし、都合が合えば参加してほしいです」

まさか、応募《おうぼ》しようとしていた矢先に、スカウトされたのです。まるで運命に導《みちび》かれるような状況《じょうきょう》で「ここで私がやらなければ！」という思いが強くなりました。

緊張《きんちょう》しながらも撮影《さつえい》に参加し、そのあと、雑誌の創刊記念ファッションショーのオーディションにも合格。

短いランウェイでしたが、報道カメラが集まり、『ラ・ファーファ』の創刊が新聞やニュースに取り上げられました。

その一年前まで、私は自分の体がきらいで、過食症《しょう》で、死にたいほど毎日がつらいと思っていました。

もし、スカウトされたとき、私がまだその状態だったら、きっと断っていたはずです。

自分を受け入れたことで、人生の扉《とびら》がどんどん開いていきました。

プラスサイズモデルとの出会い

正直なところ、『ラ・ファーファ』一号目の発売日まで、日本初のぽっちゃり女性向けのファッション誌がうまくいくのか、私も編集部のスタッフさんも、だれにもわかりませんでした。

当時みんながよく知るぽっちゃり女性といえば、お笑い芸人さんのみ。一般のぽっちゃり女性が、自分の写真をネットにアップすることすらめずらしかった時代です。

「デブのくせに調子に乗ってる」とか「おしゃれする前にやせろ」という反応は想定していました。でも、たとえそのように揶揄《やゆ》する反応があっても、ここで私がやらねばだれがやるんだ。日本に新しい価値観を作るんだ、という使命感に燃えていました。

思春期の頃、自分が着れるサイズの服がお店になかったことで「自分が女性として存在できない」と感じたことは惨《みじ》めでした。それに、無理なダイエットで摂食障害《せっしょくしょうがい》にまでなりました。

だから、もうあんな思いを次の世代には残したくないと思っていたのです。私の経験した過去が、まるですべてそこにつながるためにあったような気がしました。

『ラ・ファーファ』の一号目が発売されると、予想通り、あざわらいからかうような反応もありました。でも、それをはるかに上回って「こんな雑誌を待ってました」とか「太ってふさぎこんでいたけど、おしゃれできることを知って前向きになりました」という好意的な反響《はんきょう》がたくさん届きました。

創刊当初は、年二回発売の予定だった『ラ・ファーファ』は、大反響《だいはんきょう》を受けて二ヵ月に一度の発売に変更《へんこう》され、モデルも増え、協力してくれるブランドも増えて、コラボ商品が作れるようになったりと、どんどんできることが広がっていきました。

それまで、私は自分とおなじぐらいの体型の女性と知り合う機会がほとんどありませんでした。

友だちは私よりやせていたので、「どこで服を買うの？」というファッションの話題は

『ラ・ファーファ』の表紙を飾ったことも。左端がわたしです　Ⓒ文友舎

参考になりませんでしたし、体型に関して共感できる話題をシェアする場もありませんでした。

　でも、『ラ・ファーファ』のモデルたちと「それどこで買ったの？」とか「これおすすめだよ」などファッション情報を当たり前にシェアできるようになったのです。

　それに、『ラ・ファーファ』モデルたちと出会ったことで、ただ体型を悲観するだけではなく、ふつうに人生を楽しんでいるぽっちゃり女性が本当にいることを実感しました。

　ダイエット広告に出てくるビフォーの女性像は、落ちこんで暗いイメージ

雑誌の撮影風景。いろいろなファッションに挑戦します　© Takeshi Sasaki

の女性だけど、そうじゃない女性たちもやっぱりいるんです。

私がアルバイトをしていたときに気づいた発見の答え合わせができました。

それに、『ラ・ファーファ』モデルたちといると、ぽっちゃりしていることは、特別なこととか恥《は》ずかしいことではなく、あくまで見た目の特徴《とくちょう》の一つという感じがします。ぽっちゃりしていても、性格は人それぞれちがうからです。

「自分と同じような体型の人のファッションの参考になれば」という意味で、みんな体重やスリーサイズを公表していますが、それを恥《は》ずかしいと思う人もいません。

『ラ・ファーファ』が発売されてしばらくすると、インスタグラムが日本でも流行りはじめました。そのころの日本では、私たちは「ぽっちゃりモデル」という通称《つうしょう》でしたが、海外では、大きいサイズのファッションモデルは「プラスサイズモデル」と呼ばれ、彼女たちが活躍《かつやく》している様子をインスタグラムで見られるようになりました。

それまで海外の情報を得るには、英語がわからないとむずかしく、少しハードルが高かったのですが、ハッシュタグをたどって、手軽に海外の情報をチェックできるようになったのです。

インスタグラムでは、海外のプラスサイズモデルや、プラスサイズのファッションブランドのアカウントがすでにたくさんあり、とても参考になりました。「こんなすてきな服も大きいサイズであるんだ!」とワクワクしました。

アシュリー・グラハムさんが日本でも有名ですが、海外のプラスサイズモデルたちは、堂々としていて、かっこよく、日本にある「ぽっちゃり女性の固定観念《こていかんねん》」が覆《くつがえ》されます。

一流ファッション誌の表紙を飾《かざ》ったり、パリコレに出演したり、大きな看板の広告モデルになったりと、見たこともない世界が、海外ではどんどん広がっていました。

また、単純にファッションについてだけではなく、自分を愛することや、「ボディ・ポジティブ」について語るプラスサイズモデルも多く、そんな彼女たちを見ているうちに、私もパワーをもらうようになりました。「ボディ・ポジティブ」とは、従来の美の規範《きはん》に左右されず、自分の体をポジティブに受け入れようというムーブメントです。私の考えていたこととまさにピッタリだと思いました。

そのうち、私も自分のファッションのコーディネートをインスタグラムにアップするようになり、『ラ・ファーファ』の読者の女性たちも、インスタグラムを活用するようになりました。『ラ・ファーファ』の発売から一〇年たったいま、プラスサイズファッションについて発信する個人アカウントや、インスタグラマー、ユーチューバーは日本にもたくさん増えました。

日本のプラスサイズファッションは、まだ充分とはいえないものの、仕方なく男性の服を着て居心地が悪くなっていた中学校の頃の私には、信じられないようなことばかりです。

D やせれば恋愛がうまくいく？

フォロワーさんから「太っていて自信がなく、彼氏ができません」というおなやみをいただきます。そのなやみの裏側にあるのは、きっと「男性はやせている女性が好きだから」とか「やせて自信がもてれば上手くいく」という価値観ではないでしょうか。

でも、それは本当に正しいでしょうか？

ぽっちゃり体型の女性で、すてきな恋人《こいびと》がいたり、幸せな結婚《けっこん》生活をおくっている人は大勢います。私もいまはとても優しいパートナーと結婚《けっこん》して、楽しく暮らしています。

たしかにスリムな体型の女性が好きだという男性はいるでしょう。それはきっと、「スリムな女性が美しい」とされている社会だからだと思います。

女性がスリムな芸能人にあこがれたり、ダイエット情報を見るうちに「やせたい」と思ってしまうのとおなじように、男性もティーンの頃からマンガ雑誌のグラビアアイドルや女性芸能人を目にするうちに、「好みの女性のタイプ」の感覚ができ上がっていくからだと思います。

でも、スリムな女性であればかならず自信があり、すてきなパートナーがいて、幸せな恋愛《れんあい》をしているのかというと、その答えはＮＯです。

本当に女性がやせているだけで恋愛《れんあい》がうまくいく世の中なら、マッチングアプリも結婚相談所も、恋《こい》のアドバイスをする「ハウトゥー本」も必要ないはず。フラットな視点で世の中を見れば、恋のなやみは体型や見た目、年齢や性別にかかわらず、だれにでもあることがわかると思います。

ダイエットしてやせたとき、たしかに私は街で男性に声をかけられるようになりました。はじめの頃は「女性として見られた」とか「これがモテるってことなんだ」と思ってうかれていました。でも、断ってもしつこくされたり、勝手に家の前までついてこられていたり、道に迷ったふりをした人に「車に乗って案内して」といわれる体験もしました。それはもはや恐怖《きょうふ》で、警察に通報したこともあります。

学生時代にナンパされる友だちを見て、私は嫉妬《しっと》していました。男性から求められて、大事にされることだと思っていたからです。

でも、実際には大事にされるどころか、むしろ一方的で強引な男性ばかりに出会いました。現実は想像していたものとちがったのです。

ネット恋愛で写真を見せたらふられてしまった経験も、いま思えば好かれたい一心で必要以上に自分をよく見せようとしすぎていたので、おそかれ早かれうまくいかなかったと思います。結局は、私に縁のない人だったのです。

映画やドラマを見ていると、魔法《まほう》のように恋《こい》に落ちたり、愛の力が奇跡《きせき》を起こしたり。ついロマンティックなイメージをもちますよね。

でも、実際にはだれかと付き合うということは、人間関係をきずくこと。時間をかけて、対話と信頼《しんらい》を地道につみかさね、おたがいの価値観をすり合わせて、いっしょにいることになります。

だれもがうらやむ芸能人やハリウッドスターだったとしても、実は恋愛《れんあい》トラブルに陥《おちい》っていて、失恋したり、スキャンダルが報道されることがよくありますよね。体型や見た目がすべてのなやみを解決することにはなりません。

もしかしたら、私のように「太っている人はきらい。やせてほしい」などと、だれかにいわれた経験がある方もいるかもしれません。

一見、こちらに歩みよって、交際することを前提に考えてくれているようですが、すでにお伝えした通り、私はそれにしたがってダイエットしたところ、今度は髪型《かみがた》や服装など、相手からさらなる注文をつけられるようになりました。摂食障害《せっしょくしょうがい》にもなりました。常にがんばっていないといけなかったので、恋人《こいびと》といても安心感はありませんでした。

そして、そのあとできた新しい恋人《こいびと》は、体型に思いなやむ私を見て「無理にやせようとしないでいいんだよ」と理解してくれるような優しい人でした。でも、その頃の私はまだ元恋人《こいびと》の価値観に呪《のろ》われたまま、「いやいや、本当は彼もやせている女性が好きなはず」と思いこんでいました。そして結局、自分から一方的に別れを告げてしまいました。

うまくいかなかったのは、私が「太っていたから」ではありませんでした。体型そのものよりも、私が「太っているから愛されるはずがない」という価値観にとらわれ、いざ自分を受け入れてくれる人が現れても、拒否《きょひ》してしまったからです。自分のことで頭がいっぱいになり、目の前にいる相手の気持ちに向き合うことができなかったのです。

私のファンの方にも、モラハラ彼氏に体型をなじられ、無理なダイエットをして、苦しい恋愛《れんあい》をしていたぽっちゃり女性がいました。ずっと、自分に自信がなかったそうです。

でも、私の発信や経験談を読むうちに、勇気を出してモラハラ彼氏とお別れし、無理なダイエットをやめました。そして、自分ひとりの時間を楽しめるようになると元気を取りもどし、自分の体を否定するより愛してあげようという気持ちになったそうです。

それからしばらくしてすてきなパートナーと出会い、いまは幸せな生活をおくっています。彼女も見た目ではなく、自分にとって大事なことを見直しました。


「太っているから恋愛《れんあい》が上手くいかない」と感じることはあるかもしれません。

でも、そう思いこむと、私のように苦しむことにもなりかねません。

「どうしたら好かれるか」ではなく、「どんな人といると居心地がいいのか」を考えることのほうが大事ではないでしょうか。

自分を好きになるには？

よくフォロワーの方から寄せられるおなやみがあります。

それは、「自分を好きになるには、どうしたらいいですか？」というものです。

私が思うに、「〇〇をすれば自分を好きになれるはず」と条件つきになって、それをクリアできずに苦しんでいたり、「自分を好きにならなきゃいけない」と、義務感のように感じているのではないか、ということです。こんなときは、多くの人が自分のことなのに条件をつけたり、義務にしたり、むずかしく考えてしまっています。


もしかしたら、欠点がある自分を認めるのがつらいのかもしれません。

でも、完ぺきな状態って、いったいどんなものでしょうか？

そもそも、完ぺきな人間っているでしょうか？

私はいままでの人生で、完ぺきな人に出会ったことがありません。むしろ、自分の欠点をわかっていて、さらけ出している人の方が親しみを感じ、共感できて魅力《みりょく》を感じます。

外から見たらパーフェクトに見える人も、実際にはなやみがあったり、うまくいかないことがあったりしますし、私も完ぺきではありません。人をよく知れば、実は不器用で、チグハグで、凸凹だったりするんです。でも、そこが人間らしく、個性的で、愛しいところだとも思います。

これまで、こういったおなやみに対して、私の体験をもとにいろいろとヒントを考えたり、SNSやコラムなどで発信してきました。でも、この本を書いていくうちに、新たに気がついたことがあります。

それは、そうして自分についてなやんでいる時点で、もうすでにあなたは自分のことを大事にしたいと思っているということです。たとえば、あなたがこの本を手にとり、ここまで読んでみたということも、自分のなかにあるコンプレックスや疑問の答えが気になったからではないでしょうか。

それは、いったいだれのためでしょうか?

きっと、自分のためだと思います。だからもう、とっくに、あなたはあなたを愛しているのです。

もしかしたら、家族や友だちなど、自分ではないだれかのために読んでいる人もいるかもしれません。それもきっと、その人を愛していて、大事にしたいからこそ、やっていることではないでしょうか。

それから、見直すべきは、自分自身よりも環境《かんきょう》かもしれません。

いっしょにいて不愉快《ふゆかい》になる人や傷つけてくる人が周りにいないでしょうか？

いくら自分を大事にしたくても、ばかにしてきたり、ダメ出ししてくるような人が周りにいたら、自分をきらいになって当然です。どんな関係性の人であれ、自分を守るために、距離《きょり》をおく勇気を持ちましょう。

美しいってなんだろう？

「吉野さんにとって、『美しい人』ってどんな人ですか？」という質問をされたことがあります。まず感じたことは、「こんな人が美しい」という定義が私にはないので、困りました（笑）。

ティーンの頃だったらきっと、女性ファッション誌に出てくるモデルのような、スリム

一つの「美しさ」にしばられないで

な体型で、顔が小さくて、目が大きくて、おしゃれで……という女性が美しいと答えていたと思います。

いまも、スリムな女性はすてきだと思います。でも、ぽっちゃりした女性もすてきですし、ふつう体型の女性も、どんな人もそれぞれ異なっている魅力《みりょく》があり、すてきだと思います。

それに、だれかを美しいかどうかと評価するよりも、私はその人がなにを考え、なにを話し、なにをするのか、どんな人なのかということに興味があります。見た目は、単なる「見た目」。いったんわきに置いておきます。

表情や雰囲気《ふんいき》で相手のようすをうかがうことはありますが、他者に対するイメージが、

「評価の対象」から「かかわりの対象」として変化している感じです。

また、美しさや物事の価値観は、生まれ育った文化や環境《かんきょう》、影響《えいきょう》を受けたものによってそれぞれ異なります。だから、だれかが美しいと思ったものでも、ほかのだれかにとっては興味がないものになることもありえます。友だちどうしでも、「かっこいいな」とか「きれいだな」と感じる人のタイプがまったくちがうこともよくありますよね。

体型に対する考え方も、環境《かんきょう》が変われば意味が変わります。

私は、日本では「ぽっちゃり体型」だといわれ、プラスサイズモデルになりましたが、アメリカやヨーロッパ在住の方には「え？　あなたはプラスサイズじゃなくて、ふつうサイズだよ！」とビックリされることがよくあります。さらには、「あなたが日本でプラスサイズなら、日本のふつう体型ってどれだけやせてるの?!」と、日本の体型基準に動揺《どうよう》されることもあります。

だから、もし私がアメリカで生まれ育ったら、自分の体についてのセルフイメージはもっとちがうものになっていたかもしれませんし、摂食障害《せっしょくしょうがい》になるほどダイエットに追いこまれることはなかったかもしれません。

こんなふうに、物事の価値観は、条件《じょうけん》を変えると真逆にひっくり返ったりします。だから、あなたがいま思う「美しさ」も、実は世界中で数多くある「美しさ」の一つであって、それだけが正解ではないということです。

　ダイエットや整形手術で見た目を変えることだけが「自分を変える」ことではありません。周りの環境《かんきょう》やかかわる人を変えることも、自分の価値観を変えることになりうるのです。

第４章

コンプレックスを生み出す社会のしくみ

美しい南の島・フィジーのお話

美しさの基準がどれほど私たちに影響《えいきょう》するのか、摂食障害《せっしょくしょうがい》について興味深い話がありま す。

それは、南太平洋にうかぶ島国・フィジーで起きたこと。

残念ながら私は行ったことがないのですが、写真を見るかぎりでは、エメラルドグリーンの青い海と白い砂浜の広がる美しい南の楽園というイメージの島です。

そんなフィジーでは、かつては伝統的に女性は体格がよく、ふくよかなことが健康と豊かさの象徴であり、そして美しいとされていました。しかし、一九九〇年代後半になって、その価値観が変わり、ダイエットをしようと食事制限をしたり、摂食障害《せっしょくしょうがい》になる十代の女性が急増したというのです。フィジーで一体なにが起きたのでしょう？

ハーバード大学医学部教授のアン・E・ベッカー博士たちが調査をしたところ、それは島にテレビが広まった三年後のことでした。

かつては体格の良い女性が人気だったフィジー。でも……？

当時、フィジーで放送されていた欧米《おうべい》の人気テレビドラマに出てくる女性は、スリムな女性たちでした。ドラマのなかで、恋《こい》に仕事に、すてきな暮らしをしています。そんなライフスタイルにあこがれるうちに、フィジーの女の子たちが俳優たちと自分の体型をくらべるようになり「あんな風に私もやせたい」と、ダイエットを意識するようになっていったということがわかったそうです。

テレビを通して、欧米《おうべい》の文化を取り入れるうちに、フィジーの人々の女性の美しさや理想の基準は変化していきました。もちろん、テレビを見ていた女性たち全員が、摂食障害《せっしょくしょうがい》になったわけではありません。でも、環境《かんきょう》や情報が無意識にトリガー(きっかけ)となって、私たちにどれほど影響《えいきょう》を与えるかがよくあらわれているエピソードではないでしょうか。

思い返せば、私も、思春期の頃によくふれていたメディアや友だちとの会話のなかに、かならずダイエットを意識した情報や、女性はやせている方が美しいというゆるぎない価値観がありました。そのことが、もともと劣等感を感じていた自分にうまくなじみ、変化を求めてダイエットにハマっていくようになったのだと思います。

このように、知らず知らずのうちに、わたしたちは外からの情報を内面化して、はじめから自分のなかにあった価値観だと感じてしまうことがあります。もしあなたが「やせている＝美しい」という価値観を持っているとしたら、それはどこから来たものでしょうか？もしかしたら、その感覚が当たり前になりすぎて、いままで考えたこともなかったかもしれません。

私の知人には、プラスサイズモデルとかかわるうちに、自分の美的感覚が変化したという人がいます。もともとは芸能人のようにやせている女性がきれいだと思っていたそうですが、仕事で多くのプラスサイズ女性と出会いかかわっていくうちに、「ぽっちゃりした女性もきれいだなと気がついた」「テレビで見るような芸能人の女性が一般《いっぱん》的な体型ではなく、かなりやせていると感じるようになった」というのです。

ほかにも、ダイエット思考にとらわれて摂食障害《せっしょくしょうがい》になやんでいた女性が一年ほどＳＮＳから離《はな》れてみたところ、「やせていることがいいことだ」という考え方から距離《きょり》が置けるようになり、回復していったという体験談も聞きました。

それは、彼女にとってＳＮＳを見ることが「やせなきゃ」「このままではいけない」と焦《あせ》るきっかけになっていると気がついたからでした。もちろん、回復に向けてほかに取り組んだこともあったと思いますが、ＳＮＳを見ないことは大きな変化だったようです。

こんなふうに、価値観はふだんから目にする情報や経験のつみかさねで変化しうるもの。

この章では、コンプレックスを生み出す社会のしくみを見ていきます。

D 日本人女性の「やせ願望」

私は二〇一三年に雑誌でモデルの仕事をはじめたときから、ずっとSNSやブログで摂《せっ》食障害《しょくしょうがい》の経験や考え方などをつづっていました。「やせること」を手放しで称賛《しょうさん》し、ふつう体型でも満足できず、太っていることがけなされる社会に疑問を持ち、摂食障害《せっしょくしょうがい》についての啓発《けいはつ》活動にたずさわりたいと思っていたからです。

でも、どうすればいいのか、その方法はわかりませんでした。

いまではさまざまなイベントや講演会に出演させていただくようになったり、おなじように啓発《けいはつ》活動をしている方ともたくさん知り合うようになったのですが、このような活動ができるようになったきっかけは、二〇一六年にイギリスの国営放送・BBCニュースからインタビューを受けたことでした。

テーマは、日本人女性のやせ願望と、摂食障害《せっしょくしょうがい》について。

日本で起きていることなのに、日本よりも海外の番組がこの問題を取り上げたことに衝《しょう》撃《げき》を受けました。ほかの国の視点から見ると、日本人女性の「やせ願望」は国際ニュースになるほどだったのです。

それまでも「ぽっちゃりモデル」として、日本のテレビ番組に出演させていただく機会が何度かあったのですが、たいていはバラエティ番組で、太っていることやたくさん食べることを面白おかしく笑いとばすようなものでした。

かならずといっていいほど、食べるシーンがありました。たしかに、それらの番組を通して、多くの人に私たちモデルの存在や、『ラ・ファーファ』の存在を知ってもらうことができました。でも、なんだかモヤモヤしていたのです。

「太っている人は、大食いで、笑い者」というステレオタイプの再生産《さいせいさん》を、私自身がしているんじゃないかと感じていたからです。ステレオタイプとは、「多くの人に浸透《しんとう》している固定観念《こていかんねん》や思いこみ」のことです。

だからBBCニュースから出演依頼《いらい》があったときは、とてもうれしかったです。

番組のコーディネーターの方は、私がツイッターで摂食障害《せっしょくしょうがい》について発信している投稿《とうこう》を見つけて取材依頼《いらい》をしてくださったそうで、あきらめずにずっと発信を続けていてよかった、という実感が湧《わ》きました。

日本に暮らす多くの女性たちが「やせたい」と思ってしまうことは、不思議なことではないと思います。なぜなら、私たちが幼い頃からテレビ・広告・ネット・雑誌などでよく目にする「あこがれ」や「理想」の生活をしている女性像は、スリムな女性たちが多く、それをおぎなうかのようにダイエット情報があふれているからです。ふつう体型の女性でも、やせたくなるしくみになっています。

また、大きいサイズの洋服がお店に少ないため、「太るとおしゃれができなくなる」というイメージもあるかもしれません。

「やせる」ということが「健康」とセットにされていることも多く、美しさの問題でなくても、あこがれを感じるようになっています。「太っていると、不健康だからやせたほうがいい」という意見もあるでしょう。でも「単純に体重を減らしさえすれば健康になる」というわけではありません。不健康なやり方で体重を減らすことに夢中になり、摂食障害《せっしょくしょうがい》で苦しむ結果になっている人はかなり多いのです。

運動不足や食べ過ぎが体に負担をかけて不調をきたすことはありますが、体を動かさなくなった理由や食べ過ぎの原因を無視して、体重だけを落とそうと考えるのは、「枯《か》れた木の枝先だけを見ている」ようなものではないでしょうか。

太ることは、ストレスやメンタルの不調、ホルモンバランスなどさまざまなことが関係しています。人それぞれ体質も異なります。

「やせている＝食欲をがまんできる＝意志が強い」ことだととらえられ、逆に、「太っている＝食欲ががまんできない＝意思が弱い」と批判の対象になったり、自己嫌悪《じこけんお》になりやすくなる風潮《ふうちょう》があり、私は危機感を覚えます。

よく考えてみてほしいのですが、それはおなじ体重ならおなじ性格だということになります。でも、相手をよく知れば、一人ひとりがまったく異なるはずです。人間の内面は、体型や体重でわかるほどそんなに単純ではありません。

Dうまくいかないのは、あなたのせいじゃない

日常会話のなかで、体型変化についての指摘《してき》がよくあります。日本に生まれ育ったなら、「やせたね！」「なんか太ったんじゃない？」こんな会話を実際に交わしたり、だれかがいっているのを見たことがあると思います。

「〝やせたね〟はほめ言葉だからうれしい」と思う人もいるかもしれません。でも、体型に関する些細《ささい》な指摘《してき》をきっかけに、ダイエットに夢中になりすぎたり、摂食障害《せっしょくしょうがい》になる人がとても多いのです。太ることがこわくて、やせたねとほめられたくて、毎日過食嘔吐《おうと》したり、どんなにつかれていてもジョギングしないと不安でたまらなくなるなど、強迫的《きょうはくてき》なダイエット生活を何年も続けているという人もいます。

苦しいのに、やめられないのです。

「相手のためを思って太りすぎを注意してるんだ」なんていう人もいますが、だいたいの場合は相手のためになるどころか、傷つけたり不安にさせています。

体調を思いやるなら、大事なのは言葉で相手をコントロールすることではなく、まず相手に寄りそうことではないでしょうか。

体型の話題はセンシティブなので、日本からこの文化がなくなってほしいなと思っています。

なんと、「ダイエットすると太る」というミネソタ大学の研究結果もあります。

アメリカ・ミネアポリス近郊《きんこう》の中高生一九〇二人（そのうち女学生一〇八三人）を対象に、一〇年にわたって追跡調査《ついせきちょうさ》したところ、ティーンの頃になにもしなかった人よりも「少しだけ食べる」「食事をぬく」というダイエットをした人のほうが、その後リバウンドするだけでなく、太りやすくなっていくことがわかったそうです。

（参考：永田利彦『ダイエットしたら太ります―最新医学データが示す不都合な真実』光文社新書、２０２１年）

現代を生きる私たちは、飢餓《きが》の状況《じょうきょう》に適応し、脂肪《しぼう》をたくわえやすくすることで生き延《の》びてきた人類の子孫です。

だから、急に食事を減らせば、体は飢餓状態《きがじょうたい》だと判断して、自分の体を守るためのメカニズムが働きます。もしいままで、極端《きょくたん》な食事制限でやせたあと、リバウンドした経験があるとしたら、それはあなたの意志の問題ではなく、人間の体のしくみがそうなっているからです。

だから、あっという間に体重が減るダイエットはど注意したほうがいいのです。

たとえば睡眠《すいみん》も、数日だけなら徹夜《てつや》したり睡眠《すいみん》時間が少ない状態でもなんとかなりますが、それがずっと続くと、かならず体や心に不調が出てきます。

おなじように、単純に食べることを無理して制限することは、持続可能なやり方ではありません。

D SNSと広告

「有名なインフルエンサーが紹介していたから」とか「SNSでバズっていたから」という理由で商品を買ったり、試してみたことはありますか？

私は、SNSの口コミで人気のコスメを買ってみたり、流行りの料理レシピを試してみ

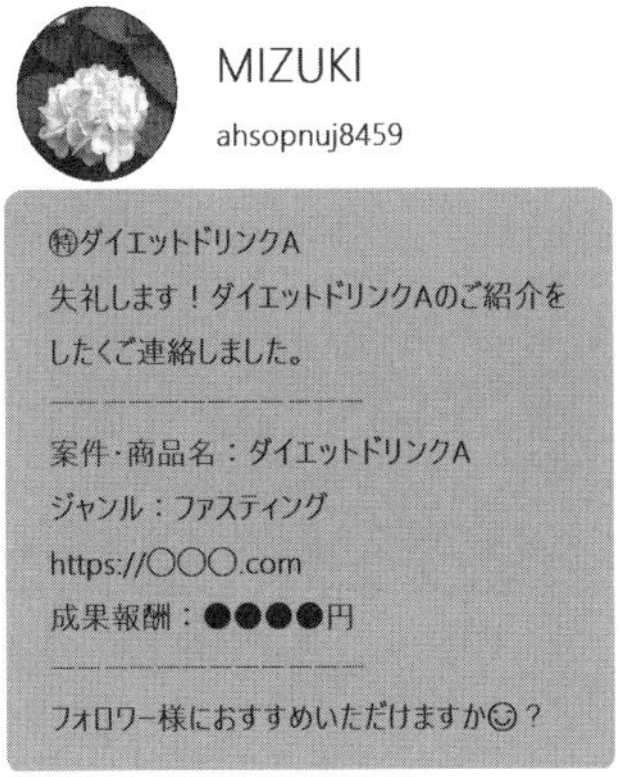
MIZUKI
ahsopnuj8459
㊕ダイエットドリンクA
失礼します！ダイエットドリンクAのご紹介を
したくご連絡しました。
案件･商品名：ダイエットドリンクA
ジャンル：ファスティング
https://○○○.com
成果報酬：●●●●円
フォロワー様におすすめいただけますか☺？

DMでこのようにコンタクトされたことは一度ならず…

たり、ネットの情報や口コミを参考にすることがよくあります。

本当にいいものがネットで話題になることもよくありますが、ネットの口コミがかならずしも信頼できるとはかぎりません。

私のインスタグラムには、日々こんなPR依頼《いらい》のDMが届きます。

「ダイエットスパッツを紹介していただくと、報酬《ほうしゅう》を○○円」「ダイエット漢方を紹介していただくと、報酬《ほうしゅう》を○円」などというものです。これは、商品やサービスを有償《ゆうしょう》で紹介する投稿《とうこう》依頼《いらい》です。

ダイエット商品にかぎらず、コンプレックス解消にまつわる商品が多いのですが、その報酬《ほうしゅう》額は数百円のものから、ときには数万円単位になることも。

私はこういったお仕事はやりませんが、フォロワー数が多いほど、報酬《ほうしゅう》額が高くなりますし、SNSで紹介するだけなので、とてもかんたんです。実際に効果がなくても、報酬《ほうしゅう》目当てに「効果がありました」「おすすめ」とウソをついて紹介している人もいるかもしれません。

以前、私はネットの口コミ偽装《ぎそう》を見ぬけなかった経験があります。

それは、レビュー評価の高い、とある飲食店に友人とはじめて行ったときのことでした。友人と一緒に「おいしいらしいよ」「どんなお店なんだろう?」と期待していたのですが、実際には、お料理の味もお店の雰囲気《ふんいき》も、なんだかイマイチで、拍子ぬけしてしまったのです。

なんだかおかしいなと思って店内を見回してみると、壁に貼《は》られたポスターに、なんと「レビューサイトに口コミを書いてくれたら、ドリンク1杯サービスします!」と書いてありました。「あ～! だから評価が高かったのか～!」とそこで気がつきました。

ドリンクをもらうためだったら、悪い口コミは書きませんよね（笑）。

「おいしかったです」「また来たいです」など、スマホでポチポチと適当な文章を書いて、星5つをつけてレビューしてしまう光景が目にうかびました。ネットの口コミを見て期待していたので、とてもがっかりしましたし、それを見ぬけなかったこともショックでした。

こんなふうに、ネットに書かれている口コミや情報が正しいか、真意にもとづいているのかを見極めるのは、大人でもすごくむずかしいこと。それに、口コミの評価はその人の主観ですので、ある人にとっては良くても、別のある人にとっては悪いものになったりします。

念のため、一つの口コミだけではなく、もっとくわしくネット検索《けんさく》をする人もいるかもしれません。しかし、別のサイトやブログでも販売元が報酬《ほうしゅう》を払って肯定的《こうていてき》な記事や口コミを書いてもらっていたり、都合の悪い投稿は販売元が削除していたりする可能性もあります。そうなると、もはやなにを信じればいいのかわからなくなりますね。

何事も自分で実際に試してみれば、どのようなものか判断できますが、それはリスクを負うことでもあるので、とくに体に影響するものに関しては慎重《しんちょう》になりましょう。

ネットで物を買うときやなにかを選ぶときは、高評価の口コミだけではなく、低評価の口コミも見て、中立的な判断を心がけることが大切です。

コンプレックス商法のカラクリ

コンプレックスを解消するための商品やサービスは、世の中にたくさんあります。

私も昔は、テレビで話題になっていたダイエット食品をまとめ買いしたことがあります。通販《つうはん》で大人気の商品だったので、すぐ売り切れて入荷待ちまでしたのですが、数ヵ月後に届いた頃にはすっかり熱が冷め、しかも、口に合わず処分に困り、お金のムダづかいになったことがあります。

また、こういった商品ほど、まとめ買いするとお得になることがよくあります。

ダイエットだと「一ヵ月で○kgやせるとして、三ヵ月続けたら○kgやせるのかも！」と単純計算してまとめ買いに拍車《はくしゃ》がかかったり、それを買うことで魔法《まほう》のようになやみが解消できるなら、と思ってしまうんですよね。

ほかにもよくあるのが、初回は手に取りやすい価格で買えますが、二回目からは高額に設定されていることです。お得情報につられて買ってみたら、実は「年間契約」になっていて、解約するのにかなりの手間や解約金がかかってしまった……というトラブルも耳にします。

割引の条件が「定期購入」だったりすることもあり、注意が必要です。ネット通販《つうはん》はとくに落とし穴がたくさんあり、クーリングオフ制度の適用外です。広告にあおられて「ポチ」っと購入ボタンを押してしまう前に、一呼吸置いて考えてみましょう。

また、たとえ商品表示があったとしても、とくに薬や液体になっていると、実際になんの成分が入っているのかは、素人の私たちには判断できません。

最近では、「食欲が落ちる」とネットでウワサの海外ダイエット商品を通販《つうはん》で買って服用したところ、手の震《ふる》えや心臓の動悸《どうき》が激しくなったという話を実際に聞きました。

想像しただけでおそろしいのですが、それでも「有名インフルエンサーが紹介しているなら、だいじょうぶかも」「みんながやってるなら」というバイアスがかかると、信用しやすくなり、かんたんにその一線をこえやすくなってしまうのかもしれません。

実際に、日本では未承認《みしょうにん》の危険な成分が含《ふく》まれた海外ダイエットサプリで、健康被害《ひがい》が出たり死亡するケースがあり、たびたび厚生労働省や消費者庁などが注意を呼びかけています。

短期間で・かんたんに・効率的なダイエット効果があるとうたっている商品ほど魅力的に見えますが、そういうものこそあやしいと思ったほうがいいでしょう。

試しにグーグルで「ダイエット食品　健康被害《ひがい》」で検索《けんさく》してみてください。筋肉増強サプリメント、やせるゼリーなどさまざまな商品の違法性《いほうせい》や被害《ひがい》例が報告されています。

消費者庁が出している資料（「消費者の皆様《みなさま》へ（健康食品の表示について）二〇一四年消費者庁表示対策課食品表示対策室」）によると、「景品表示法《けいひんひょうじほう》」で以下のような表示を問題だとして、行政処分《ぎょうせいしょぶん》（行政が法律の定めにしたがって行うもの。この場合「重い注意」ということ）したとのことです。

これらは、健康食品についての体験談といっしょに書かれていて、「不当な表示」と判断された表現です。

・「決して食事制限はしないでください。このバイオ菌《きん》がおそろしいまでにあなたのム

朝日新聞 DIGITAL

シンデレラ体重のはずが被害相次ぐ「やせるゼリー」　米国では死亡例

有料記事

河野光汰 華野優気　2023年1月21日 13時02分

大阪府警が事件捜査で押収したゼリー＝2023年1月18日、大阪市中央区の府警本部、荻原千明撮影

「食べたらやせる」とうたってSNSなどで販売されるゼリーをめぐり、健康被害の相談が自治体に相次いでいる。問題の商品には国内未承認の医薬品成分が含まれ、成分を摂取後に死亡した例も米国では報告されているという。警察も関係者の捜査を進めている。

「このゼリーを食べるだけでやせるんです」。 兵庫県 の30代女性は昨年3月、ネットの配信動画で同年代の女性が語るのを見て興味を引かれた。数カ月前の配信に出演していた人が、見違えるほどやせていた。

ダイエット商品の健康被害が報道された例です
写真提供：朝日新聞デジタル 2023 年 1 月 21 日付（案内番号 23-1419）

ダを強力サポート」
・「もうリバウンドしない『理想の姿』になりたい!!」
・「私たちはたった一つぶ飲んで楽ヤセしました!!」
・「ねている間に勝手にダイエット!?」
（引用：消費者庁「消費者の皆様《みなさま》へ（健康食品の表示について）」二〇一四年消費者庁表示対策課食品表示対策室）

この文章表記の問題点は、裏づけとなる「合理的な根拠《こんきょ》」がなかったことにあります。「合理的な根拠《こんきょ》」とは、試験や調査で得られた結果、専門家や専門機関の論文で実証《じっしょう》された内容です。

こうした根拠《こんきょ》を示していても、商品に表示された効果・効能と適切に対応していない場合は、問題となります。

残念ながら、根拠がない表現やそれに近い表示はネット広告でよく見かけるものです。

また、ダイエット商品には、ロングセラーになるほどの人気商品もありますが、それで本当に思い通りに体型をコントロールして維持《いじ》できるなら、世の中にこんなにダイエットでなやむ人が多いのは、なぜなのでしょう。

もし、その商品やサービスを使っている間は体重がコントロールできるというのなら、一生ずっとその商品を買い続けなければならないということにもなります。

それって、現実的でしょうか？

コンプレックスにまつわる商品は、商品説明をよく読むと、たいてい小さく書かれている注意書きがあります。それは「効果には個人差があります」といったものや、ダイエット商品であれば「栄養バランスの良い食事と適度な運動を意識しましょう」という文言です。だから、もしその商品で満足いくような結果にならなくても、消費者側の個人差だったり自己責任として片づけてしまえるのです。

　数年前、私が中学校で講演をしたときに、「ユーチューブで見たダイエットサプリを試したけど、効果がなかったから、自分には効かないのだと思っていた」と打ち明けてくれた女の子がいました。

　コンプレックス解消商品やサービスを好奇心《こうきしん》で試してみたくなるかもしれませんが、お金のムダになってしまう可能性はもちろん、体調不良の原因にもなりかねません。

　いずれにしても、コンプレックスを強く感じているときは、不安をかかえている状態なので、判断力がにぶってしまうもの。

　その「コンプレックス」につけこんで購入《こうにゅう》を迫《せま》る広告には、注意しなければいけません。

　どうしても、心がゆれてしまうときは、そっとスマホをオフにして、気持ちを落ち着けましょう。

D 私たちはネガティブなシャワーを浴びている

多くの人が、日頃からＬＩＮＥやＳＮＳ、ユーチューブ、ニュースサイトなど、無料でつかえる便利なウェブサービスやアプリを利用していると思います。

なぜ、それらのウェブサービスを無料で利用できるのでしょう？　それは、私たち自身が利用料を支払《しはら》わない代わりに、企業《きぎょう》が広告を出すことでサービスを支えているからです。

しかし、問題なのはその広告の内容です。

とくにウェブ広告には、コンプレックスを顕在化《けんざいか》させるような広告が多くあります。ダイエットのビフォー・アフターを比較《ひかく》した写真や、毛穴の汚《よご》れがアップになった写真、女性の顔のシミやシワ、毛穴をおそろしく表現した写真など、見かけたことはないでしょうか？

明らかな合成写真や、現実的にありえないものだったとしても、視界に入ってくるだけで思わず不快感《ふかいかん》を感じてしまいます。

コンプレックスや美容に関する商品の広告で、よく使われているテクニックがあります。

それは、いまのあなたの自尊心をゆらがせ、不安や焦《あせ》りをいだかせ、自信を奪《うば》うということです。そうすることで、その商品がほしくなるからです。

たとえば、このようなものです。

・いまのセルフイメージを低下させるもの：「〇〇になれば自信が持てる、幸せになれる」

・コンプレックスを顕在化《けんざいか》させるもの：「実はあなたのここ、気にな

コンプレックスを刺激する魅力的な情報があふれています

っていませんか？」

・短期間で変化をうながすもの：「たった○日で、マイナス○kgの大変身♪」

コンプレックス解消の商品は、ある人にとっては探し求めていたものかもしれませんし、ある人にとっては必要のないものです。でも、こんなふうに「あなたはそのままではダメだ」「直すべきところがたくさんある」「他人からはこんなにひどく見えている」「いますぐ変わろう」というネガティブなメッセージを日常的にシャワーのように浴びることで、私たちは幸せになるどころか、いつも自分に対する欠乏感《けつぼうかん》を感じやすくなるのではないでしょうか。

ふだんならそういった広告や情報をスルーできても、ちょっと気持ちが落ちこんでいるときに見ると、不快感《ふかいかん》に引っぱられてしまう場合もあるかもしれません。

そして結局、満たされるのは私たちの心ではなく、広告主や販売側のふところです。

日本では、薬機法《やっきほう》や景品表示法《けいひんひょうじほう》という法律で、商品・広告の表示規制《ひょうじきせい》があります。

たとえば、先ほどの消費者庁が問題だとしたケースのように、「かならず効果がある」

という表記はできません。それでも、ウェブ広告になると、それらの規制に反するものが当たり前に存在し、一部では個人のSNS写真が無断で広告につかわれ、トラブルになっているケースもあるようです。

二〇一九年には、有名芸能人の名前と写真が無断使用されて作られていたネット広告の実態がNHKの「クローズアップ現代」という番組で報道されたことも話題になりました。肖像権《しょうぞうけん》を侵害《しんがい》している広告や薬機法違反《やっきほういはん》の広告……。そのような不当な広告表現をしている会社の商品は信用できないですよね。

海外では広告規制がはじまっている

二〇二一年七月に、アメリカの会社が運営する「ピンタレスト」という画像のプラットフォームがこんな声明を発表し、話題になりました。

「世界中で、あらゆる年齢《ねんれい》層の人たちが体型にまつわるイメージとメンタルヘルスに関《かか》わる問題に苦しんでいる中で、夏に向けて問題がさらに顕著《けんちょ》になっています。

全米摂食障害協会《ぜんべいせっしょくしょうがいきょうかい》（ＮＥＤＡ）および全米神経性食欲不振症関連障害協会《ぜんべいしんけいせいしょくよくふしんしょうかんれんしょうがいきょうかい》（ＡＮＡＤ）によると、昨年に新型コロナパンデミックが始まって以来、若い人たちの間で不健康な食習慣と摂食障害《せっしょくしょうがい》は増加の一途《いっと》をたどってきました。

ピンタレストは、体型や体の大きさに関係なく、あらゆる人が自分の居場所だと思える環境《かんきょう》を作るため、ユーザーがダイエット広告を目にすることなく夏の計画や大切なことに集中できるようサポートします。」

つまり、摂食障害《せっしょくしょうがい》や健康面への影響《えいきょう》を考慮《こうりょ》し、ダイエットに関する広告や、体型をおとしめるような広告を禁止したのです。

具体的には以下のようなものなどが禁止されました。

・減量に関する言葉や画像
・特定の体型を理想化または否定するような言葉や画像
・ボディシェイミング（特定の体型タイプや外見をばかにしたり傷つけたりする画像や言葉、身体の一部にネガティブな印象をあたえる画像や言葉）
・ＢＭＩ（体格指数）や類似の指標を参照すること

（引用：ピンタレストの公式サイトニュースルームより）

これらは、日本のダイエット商品の広告では日常的に使用されている表現ですが、ピンタレストはNG表現だと判断したのです。

また、フランスでは、広告や雑誌など商業写真のモデルの体型にレタッチ（修正）が行われた場合、レタッチ表記を義務づける法律が二〇一七年から施行《せこう》されています。違反《いはん》した場合、日本円にして約五〇〇万円、もしくは広告制作費の三〇％が罰金《ばっきん》として課せられるそうです。

その理由は、フォトショップなどのレタッチソフトで加工された「非現実的な体型を理想化すること」が、若い子どもたちのセルフイメージの低下をうながし、健康的な習慣に悪影響をあたえたり、摂食障害《せっしょくしょうがい》になるおそれがあると見なされたからです。

この本を書いているのは、二〇二三年です。いまのところの日本では、セルフイメージを歪《ゆが》ませる誇大《こだい》広告がいたるところにある状態ですし、もし広告写真のモデルの体型が加工されていても、その表記の義務づけはありません。

いつか、日本でも広告表現に対する規制や処罰《しょばつ》がもっと厳しくなり、誠実な表示と表現が当たり前になり、「そんな時代もあったね」とふり返るような日が来ることを願っています。

D ネットリテラシーと承認欲求《しょうにんよっきゅう》

私は、時間があるとついスマホをさわって、なんとなくネットサーフィンをしてしまいます。そうしていると、あっという間に時間がすぎてしまうのですが、自分でも「いったいなにを探しているんだろう？」と感じることがよくあります。

きっと、なにか面白いことなど「刺激《しげき》のある情報」だと思うのですが、次から次へと情報が変わるので、いいなと感じるものがあっても忘れてしまうし、ネットの波に乗るどころか、ネットの情報の渦《うず》に巻きこまれていきます。

なにかを買ったり広告を見ること以外でも、ネットとの付き合い方には注意が必要です。勝手にどんどん番組が流れるテレビよりも、ネットは自分で操作して知りたいものや見たいものを探せるので、主体的に情報を選んでいるような気持ちになりますが、実は「見せたいものを見せられている」からです。

最近のＳＮＳは、ユーザーが興味をもちそうなコンテンツを、ＡＩが判断して一人ひとりにカスタマイズしておすすめするしくみになっています。

たとえば、インスタグラムやツイッターは、ある投稿《とうこう》の画面をしばらく表示していると、その投稿《とうこう》に興味があると判断され、似たような投稿《とうこう》が「おすすめ」として出てくるようになっています。「いいね」などのリアクションをしなくても、です。

なぜそんなしくみになっているのかというと、ユーザーが興味がありそうなものを表示して、アプリの利用時間が長くなればなるほど、広告を表示する時間も長くなり、運営側の利益になるからです。

ほしい情報を得るには便利なしくみですが、もしおすすめされる投稿《とうこう》が、自分に不安をあたえるものやセルフイメージを低下させるような情報だった場合、まるで世の中の情報がそればかりに見えてきて、息苦しくなってくると思います。

ＳＮＳを見ていて劣等感《れっとうかん》や焦燥感《しょうそうかん》を感じるようなときは、使い方を見直してみましょう。

物理的にアカウントを削除して、距離《きょり》を置くこともいいと思いますし、どうしてもクセで見てしまうときは、フォローする人を見直したり、元気をもらえる投稿や動物のいやし系な投稿《とうこう》を検索して、タイムラインをカスタマイズしてしまいましょう。

SNSではない場合は、ブラウザを「シークレットモード」にしてつかってみると、ユーザーに最適化《さいてきか》された情報がフラットになります。なにげない工夫ですが、こういった情報との付き合い方が大切です。

SNSは新しい情報を得たり、おなじ趣味《しゅみ》の友だちと出会ったりすることもできますが、画面の向こう側にいる人が、自分にとって本当にいい影響《えいきょう》をあたえる人かどうかは、相手のフォロワー数やプロフィールだけではかることはできません。

姿の見えないネット上では、いくらでも偽装《ぎそう》できます。また、自分が発信する側になる場合も、反応や承認《しょうにん》を求めすぎて、ふり回されてしまうこともあるので、気をつけたいところです。

つい先日も、飲食店の備品にイタズラする動画がSNSで炎上《えんじょう》し、逮捕者《たいほしゃ》が出るなど問題になっていました。

発信側であるインフルエンサーについてもふれておきたいと思います。

『ぜんぶ体型のせいにするのをやめてみた。』（大和書房、２０２１年）という本によると、著者の竹井夢子さんがダイエットしてやせた体験談をインスタグラムに投稿《とうこう》したところ、一晩で三〇〇〇人もフォロワーが増え、一万件以上の「いいね」がもらえたそうです。

やせたエピソードには、大きな反響《はんきょう》があるんですね。

そこから竹井さんは、「ダイエットのがんばりが認められた！」「反応があってうれしい！」と、ダイエットについての投稿《とうこう》を増やしていきました。

そして、フォロワー十二万人のダイエット系インスタグラマーに。

しかし、インスタグラムで得られる反響《はんきょう》の承認欲求《しょうにんよっきゅう》と、体重を減らすための無理なダイエットに夢中になりすぎてしまい、心身ともにバランスを崩《くず》してしまいます。最終的に竹井さんはそのダイエットアカウントを消して、「心がやせる」ダイエットをやめたそうです。

この本に、私も文章を寄稿《きこう》しています。とても読みやすく、竹井さんの切実な当時の状《じょう》況《きょう》がよくあらわれているので、ぜひ読んでいただきたい一冊です。

もしかしたら、当時の竹井さんのように、ＳＮＳで得られる承認《しょうにん》とダイエットが生活の中心になってしまったインフルエンサーはほかにもいるかもしれません。

インフルエンサーも、葛藤《かっとう》やなやみをかかえることもありそうです。フォロワーや視聴《しちょう》者《しゃ》からあおられたり、ひぼう中傷されて追いつめられる人もあとを絶ちません。

一方で、インフルエンサーやユーチューバーが「ビジネス」にふりきっている場合には、かならずしもその人が思う「本心からの意見」や「信頼《しんらい》できる情報」ではない発信も出てきます。

ダイエットや美容、健康をテーマとした情報を発信をするインフルエンサーは今後も増え続けるでしょう。とくに見た目や体型に関することについては、その発信の背景にも思いをめぐらせてみましょう。

ネットを健全で豊かな情報取得のツールにするためには、私たち情報を受け取る側のリテラシーも問われている、そんな時代なのだと思います。

第５章

それでも気にしてしまうあなたへ

D 社会と自分の間にクッションを置く

ここまで読んで、こんな社会のなかで生きるのがしんどい！　と思ってしまったかもしれません。でも、このような状況《じょうきょう》を疑問に思ったり、問題だと思う人が増えることで、少しずつ社会は変わっていけるはず。

とはいえ、社会全体が変わるには、時間がかかります。私たちはただ時が経《た》つのを待つしかないのでしょうか？

いますぐにできることもあります。それは、自分と、自分の外側にある情報の間に「クッションを置くこと」。物事をちがう角度から見てみたり、距離を置いてみたり、いままで当たり前に受けとめていたことも「どうしてだろう？」「本当にそうかな？」と立ち止まってみることです。

前章で、ネット広告やコンプレックス商法のしくみにふれたように、情報を発信する側の本当の意図を考えてみたり、よく見かける情報やだれかの言葉をそのまま鵜《う》のみにしないようにすることが大切です。

私が過食症《しょう》から回復するときは、自分にとって自己嫌悪《じこけんお》のトリガーになるダイエットの話題や広告を極力避《きょくりょくさ》けていたのですが、いつでも人気のテーマなので、どうしても視界に入ってきてしまうことがありました。

そんなときは、「あ〜はいはい、またそれね」という感じで、スルーするようにつとめました。なんだかまるで修行僧《そう》のようですが、そうやって自分のなかにある「コンプレックス欲《よく》」を断ち切ることが必要でした。

私にとって、それが「クッションを置く」ことを意味していました。

コンプレックス欲《よく》とは、「コンプレックスをなくして自信を持ちたい」と思う一方で、コンプレックスに寄りかかったり、自分でコンプレックスを加速させてしまうことです。

気がつかないうちに、コンプレックスが自分の気持ちの「隠れ蓑《かくみの》」になって、あきらめグセがついたり、なにかのいいわけにコンプレックスをつかっていたりするのです。

「足が太いからスカートなんて穿《は》けない」といっているけれど、実は女性らしい服装に抵抗《ていこう》感があって自分にふさわしくないと思いこんでいたり、「かわいくないから友だちができない」といっているけれど、実は人とかかわることが苦手で、一人でいることが好きだったり。

それだけでなく、コンプレックスを加速させるネガティブな情報ばかり見てしまうこともあります。あおるような情報や傷つくような言葉にばかり目がいくようになったりするのです。なやみを抱《かか》えてきた時間が長く、深刻であるほど「コンプレックス」は、あなたのなかで頑固《がんこ》で複雑なものになっていきます。うまくいかないことが増えたり、傷つくのがわかっているのに、「もっともっと」と追い求めてしまう。まるでコンプレックスに依《い》存《ぞん》しているかのようです。

コンプレックスは、あなたにとってどんな存在でしょうか?

それから、自分でこういってしまうのは変かもしれませんが、この本に書いてあることも、きっとすべてが正解ではないと思います。

私には読者のみなさんがそれぞれどのような状態《じょうたい》にあるのかわからないですし、あくまで自分の経験や考えをもとにして書いていることなので、まったく共感できなかったり、ちがうなと感じることもあるかもしれません。もしかしたら、いまは理解できないけれど、あとからわかるようになることもあるかもしれません。

こんなふうに、自分のなやみについては、だれの意見もどんな言葉もほどほどに受けとめ、あなたなりの答えを見つけてほしいなと思います。

コンプレックス、もやもやの理由を書いてみる

そもそも、どうしてそんなにコンプレックスが気になるのか、なぜ変わりたいのか、本当に求めているものはなにかを考えることも大切です。やせられないとなやむ人に、「どうしてそんなにやせたいの？」と聞くと「なんでだろう？」という答えが返ってくることも結構あります。まるでやせることが常識のようになっていたり、ただ、だれかに「やせろ」といわれたからだったり、自分の現状に満足することが悪いことのようにとらえている人もいます。いつのまにか手段が目的にすり替わっていないかどうかもたしかめましょう。

「自分を好きになりたいから」とか「自分に自信を持ちたいから」という理由でダイエットしているのに、ダイエットで失敗やリバウンドをくり返すうちに、どんどん自信をなくし、自己嫌悪《じこけんお》を重ねていることもあります。

ダイエットが自信をつけるどころか、自信を奪《うば》っているのです。だから、「リバウンドしちゃった。次こそはがんばる！」という人を見ると、負のループに挑《いど》もうとしていないか、ちょっと心配になります。

それに、アスリートでもないかぎり、短期間で体重を落とす必要はないのに、わかりやすく数値で自分の良し悪しを測ろうとして、自分で自分を追いこんでしまいがちです（アスリートの方々の減量方法については、そもそもの体づくりがちがう私たちは真似しないほうがいいです）。

「なぜやせたくなるのか」をひも解くには、私の友人でもある人類学者の磯野真穂さんが書いた『ダイエット幻想―やせること、愛されること』（ちくまプリマー新書、2019年）という本が役に立つと思うので、ぜひ参考にしてみてください。

コンプレックスに対するモヤモヤした気持ちを、頭のなかだけで考えていると、堂々巡《めぐ》りになりやすいものです。そんなときは、だれかに話すこともいいですし、一人ならだれにも見せない紙やノートに、コンプレックスについて頭のなかに思いうかんだ言葉を書いて、考えを整理していくこともおすすめです。

どんな感情になるか、どうしたいかなど自分に質問していくのもいいと思います。頭のなかだけで考えるよりも、意外な答えが出てくるかもしれません。

ちなみに、スマホやPCなどのデジタルデバイスにメモするよりも、自分の手を動かして書くほうがスッキリします。書いたものはずっととっておく必要はなく、自分で納得したら、破いて捨ててしまってもかまいません。

傷ついた言葉に対してできること

見た目を揶揄《やゆ》されたり否定されると、動揺《どうよう》したり、自分の見た目があれこれ気になってくるかもしれません。でも、それは、ショックに対する防御反応《ぼうぎょはんのう》のようなもの。私も体験したことがありますし、あなただけに起こることではありません。

私は、子どもの頃、自分の見た目について言葉で傷つけられたときに、どうしたらいいのかわからず、困惑《こんわく》しました。体はすぐに変わることはできないし、自分が太っているから、他人にからかわれたり、傷つけられてもしかたがないと思っていました。だから、傷ついたと友だちに話せませんでした。

「傷つけられた事実は変わらない」と思っていたし、摂食障害《せっしょくしょうがい》になったときも、「これは私の問題だから、人に話しても解決しない」と思っていました。

そうして、困っているのに、だいじょうぶなふりをしたり、いやな思いをしたのに、がまんすることがいつものクセになっていました。でも、自分の気持ちを隠《かく》し続けることで、「変わりたい」という気持ちはもっと大きくなりました。人前にいるときの自分と、心のなかの自分に、ギャップができすぎてしまったのです。それが無理なダイエットや、過食症《しょう》につながっていました。

第一章でもお話ししましたが、私たちは、ついつい心の傷を軽く見て、放置してしまいがちです。がまんしたり、ごまかしたりして、自分でも見えなくさせてしまいます。

でも、傷ついたときに本当に必要だったことは、がまんすることではなく、自分の気持

自分の気持ちを守ってあげよう

ちに正直になることでした。悲しいなら悲しい、つらいならつらいと、自分の感情を素直に表現して、身近な人に打ち明けることができていたら、もっと早く傷をいやすことができたかもしれません。

信頼《しんらい》できる相手はもちろん、おなじような境遇《きょうぐう》の人であれば共感することでもっと気持ちが軽くなるはずです。

なやんでいたとき、私は「どうせ話しても、だれにも理解してもらえない」と思って一人でもんもんと考えていました。でも、いまこうして自分の経験を世の中にシェアしてみると「おなじような経験をしました」とか「とても共感しました」というリアクションが多いことにおどろきました。ただ知らなかっただけで、理解してくれる人はたくさんいたのです。

もし、見た目について不快になるようなことをいわれたら、私たちができることは、たとえば次のようなものです。

・いえる状況《じょうきょう》であれば、それはいやだということ
・相手の価値観をもとにいっていることだと認識すること
・その言葉を受け取らない選択《せんたく》をすること
・その人との距離感《きょりかん》を見直すこと
・傷ついたならケアすること

でも、いざというときは、ショックでなにもできなくなるかもしれません。そんなときは、とりあえず自分の気持ちを落ち着かせる方法を探してみましょう。私だったら、何度か深呼吸をしてみたり、好きな音楽を聴いてみたり、好きな動物の画像を検索《けんさく》してみたりするかもしれません。そして落ち着いたところで、だれかに話を聞いてもらいましょう。

自分も友だちも助ける言葉

見た目のコンプレックスになやんでいる友だちや家族がいたら、どうしたらいいでしょうか?

つい「気にすることないよ」とか「そんなことないよ」という言葉をかけてしまいそうになりますが、むしろなやんでいる人はそういわれるほど頑固《がんこ》になっていくことがあります。

まるでコンプレックスがお守りのようになって、だれになにをいわれても「焼け石に水」状態。コンプレックスとはずかしさは、とても近いところにあるので、他人が諭《さと》したところで納得するのがむずかしいのかもしれません。

『恥(シェイム)・・・生きづらさの根っこにあるもの』(岩壁茂[監修]、アスク・ヒューマン・ケア、2019年)によると、人間には、集団になじみたいというグループへの所属にかかわる感情として「恥《はじ》」があり、集団への所属意識が高くなるほど、また、異端《いたん》を排除《はいじょ》する圧力が強いほど、恥《はじ》の感情は高くなる、とあります。さらに、「集団のまとまりを維持《いじ》するには、恥《はじ》という感情はとても役に立ちます。一方、個人にとっては自分のありようを縛《しば》るものにもなるのです。」と解説されています。

コンプレックスになやんでいる方の話を聞いていると、「太ってはずかしい思いをしたくない」「◯◯だと思われたくない」「失敗したくない」「◯◯であるべき」「◯◯しなきゃ」という話がよく出てきます。

私もそうだったのでよくわかるのですが、自分の理想とする完ぺき主義におちいって、極端《きょくたん》な考えにとらわれてしまうんです。

そして、もしやりたいことがあっても、「そんなことやっても無駄《むだ》なんじゃないか」「だれかになにかをいわれる」「〝ふつうの人生のレール〟からはずれてしまう」とか、他者の目を気にしすぎて、前に進めなくなっています。

「石橋を叩《たた》いて渡《わた》る」ということわざは、石橋を叩《たた》いて安全をたしかめてから渡《わた》るという意味ですが、不安のあまり何度も何度も石橋を叩《たた》くうちに壊《こわ》してしまい、結局どこにも行けなくなっている。そんな光景が目にうかびます。

コンプレックスを感じるのは、そんなふうに不安な状態のときだと思います。

だから、私がおすすめするのは、「そんなことないよ」と、一方的に諭《さと》すことよりも「そう思うんだね。どうしてそう思うの」と、気持ちに耳を傾《かた》むけること。

周りができることは、その気持ちを受けとめ、「あなたはここにいていい」と相手が安心感を感じる状況《じょうきょう》を作ることかもしれません。

見返してやる！　の落とし穴

見た目を揶揄《やゆ》されたり侮辱《ぶじょく》されたとき、よくあるのが、「キレイになって見返してやる！」という考え方です。

私も昔はそう考えていたこともあります。

でも、それは、きらいな人が運転する車に乗るようなものでした。自分の行き先を、いやな人に委《ゆだ》ねることになってしまうからです。

それに、言葉は発した人のもの。受け取るかどうかは、こちらが判断していいのです。いわれるがままに見た目を変えると、「これをいえば弱みを握《にぎ》れる・コントロールできる」

という成功経験を相手にあたえることにもなります。

傷つけてくる相手に合わせて、どんなに自分の見た目を変えても、相手が変わるわけではありません。一時的に攻撃《こうげき》されなくなったとしても、大抵《たいてい》そういう人は、またほかのことについて、あれこれいってきたり、別の人にターゲットを変えて、おなじように傷つけると思います。というのも、問題は相手のなかにあるものだからです。

相手にとって一番の屈辱《くつじょく》は、自分の発言や存在が無視されること。こちらがいやな思いをするとか、リアクションがほしくて、いってくるものです。だから、キレイになって相手を見返す作戦はおすすめしません。

D 「デブ」「ブス」という人の価値観

いまでは私の周りに、私の体型や見た目を批判する人は、ほとんどいません。でも、ときどきツイッターなどでまったく知らない人に「デブ」などといわれたり、「やせる努力をしないやつが堂々とするな」とか、批判的なコメントをつけられることがあります。

そんなとき、私は「この人、どんな人なのかな」と、相手のタイムラインをこっそり覗《のぞ》いてみます。すると、実はその人自身がダイエットをしていたり、容姿に対して強いこだわりを持っていることがほとんどです。自分が気にしてるから、他人も気になるのかもしれない。そう思うと、他人にいわれるネガティブな批判や指摘《してき》のとらえ方が変わってきます。

たとえば、私はこんなふうに解釈《かいしゃく》するようになりました。

・体型についてあれこれいってくる人
↓「自分が体型を気にしている人」なんだな〜

・「肌《はだ》がきたない」といってくる人
↓「自分の肌《はだ》がきれいかどうかを気にしている人」なんだな〜

・「ブス」といってくる人
→「自分がブスであるかどうかを気にしている人」なんだな～

まるで自己紹介《じこしょうかい》をしているようにも見えますね。

ちょっと想像してみてほしいのですが、自分が幸せで満足しているときに、わざわざ他人の容姿をあげつらって蹴落《けお》とすような発言をする必要はあるでしょうか？　ありませんよね。

もしかしたら、同族嫌悪《どうぞくけんお》のように、自分はコンプレックスを隠《かく》そうとしているのに、堂々とさらけだして楽しげにしている他人が面白くないと感じているのかもしれません。

いずれにしても、結局は発言者自身の問題が投影《とうえい》されているはずです。

それに、口出しするほど他人の見た目が気になる人は、過去におなじようなことをほかのだれかにいわれた経験があったりします。たとえばよくあるパターンが、親から執拗《しつよう》に「やせなさい」「みっともない」など容姿や世間体を気にされる場合、実はその親も祖父母世代からおなじようにいわれて育っていたりします。無意識のうちに世代間で連鎖《れんさ》しているんですね。

いろいろと角度を変えてみると、揶揄《やゆ》してくる人が、むしろかわいそうに見えてくることまであります。

コンプレックスとの付き合い方

さて、コンプレックスとの付き合い方にはいくつかの方法が考えられます。
5つ挙げてみます。

①　消えるのを待つ
②　コンプレックスが取り除《のぞ》かれるように変える・変わるようにする
③　コンプレックスに対する価値観を変える
④　なやみの大きさが変わるまで待つ
⑤　そのまま抱《かか》える

①は無責任なようですが、時間がたってコンプレックスが気にならなくなったという人

は結構いらっしゃいます。

思春期にクセ毛になやんでいたという知人も、「いまも面倒《めんどう》だなと感じることはあるけど、あるときあきらめてクセ毛を活かすヘアスタイルをするようになった。昔ほど気になることも、頻繁《ひんぱん》に鏡を見ることもない」といっていました。

②はそれぞれのコンプレックスになんらかの解消法があるとき、それを試し、コンプレックスが取り除《のぞ》かれるような行動をするというものです。

③は本書で私がお話ししてきたことで、コンプレックスを感じている自分の価値観や視点を変える方法です。

④は①とも近いですね。

読者のみなさんが中高生でしたら、これからさまざまなライフイベントが起こります。部活動の大事な大会、受験や就職、海外旅行や留学、社会人経験……。出会う人も世界も、どんどん広がっていきます。考えてみると、ビックイベントはこれからたくさん起こります。それらのビックイベントをのりこえたとき、コンプレックスが小さくなっている可能性もあります。

取り組んだことに失敗しても、自分でがんばったと思えたら、ささやかなものでも自信になります。そんな経験の積み重ねで、自分のなかのコンプレックスの優先順位が変わり、大きさに変化が出ることもあるかもしれません
⑤は、とりあえず、現状維持《げんじょういじ》ですね。
コンプレックスは、つかい方しだいでバネになり、向上心にもなりえます。コンプレックスを持つこと自体は悪いことでも変なことでもありません。ただ、苦しかったりつらいと感じるなら、付き合い方を自分で選んでみましょう。

いずれにしても、自分なりにある程度の折り合いをつけていくことが、大人になる過程で大事なポイントになりそうです。

D カウンセラーに相談しよう!

自分の気持ちを整理するために、カウンセラーに相談することも選択肢《せんたくし》の一つだと思います。

印象に残っている私のカウンセリング体験をお話しします。

私が過食症《しょう》を手放したあと、すべてが順風満帆《じゅんぷうまんぱん》にいったのかというと、実はそうではありませんでした。

食事はふつうにとれるようになったのですが、対人関係のトラブルが起きたとき、それまで感じたことのないほどの強い怒《いか》りが湧《わ》いて、おさまらなくなってしまったのです。人に対して、あんなに怒《いか》りが湧《わ》いたのは生まれてはじめてでした。

そして怒《いか》りとともに「あのとき、私がもっとこうだったら」「ああだったら」という後《こう》悔《かい》や罪悪感も湧《わ》いてきて、気づくと涙《なみだ》が出てきたり、激しい感情のアップダウンで、ほかのことが手につかなくなるほどになってしまいました。

以前ならきっと、私は過食をすることでそのイライラをごまかしていたと思います。でも、すでに回復していたので、過食をしたいという気持ちにはなりませんでした。その代わりに、感情をどうコントロールすればいいのかわからなくなってしまいました。どうやらそれまで、過食することが感情の「フタ」のような役割になっていたようです。

友だちに相談しても怒《いか》りの感情はおさまらず、参考になりそうな本を読む集中力もなく、解決の出口が見つけられませんでした。

そこで、メンタルクリニックのカウンセリングを受けてみることにしました。摂食障害《せっしょくしょうがい》だった頃は「専門医は予約もとれないだろうし、通院費が高額になるにちがいない」と、クリニックに行くのを躊躇《ちゅうちょ》していました。

でも、そのときはすでに摂食障害《せっしょくしょうがい》から回復していたので、専門医にこだわらず探せました。新しく見つけたクリニックは、複数人のカウンセラーがいて予約もとりやすく、事前にいくらぐらいかかるかも大体予想できたので、思いきって行ってみることにしたのです。

私の担当になったカウンセラーさんは、おだやかで話しやすそうな雰囲気《ふんいき》の女性でした。私が後悔《こうかい》したり罪悪感を感じるようなことに対しても、「それは良くないですね」など否定することなく、ただただ私の話を聞いてくれました。

摂食障害《せっしょくしょうがい》の経験も、ずっと心にひっかかっている話も、だれにも話せないようなことも、洗いざらい話しました。相手の顔色をうかがわず、自分のことをよく見せようとしなくていい。そうやって人に話を聞いてもらえた経験は、はじめてだったかもしれません。

そんなカウンセリングを数回重ねたあるとき、カウンセラーさんにこういわれたのです。

「もしかして、なおさんは、自分がなにかつらい思いをしたり犠牲《ぎせい》になれば、愛情が得られると思っていませんか？　なにもしなくても、無条件で、なおさんは生きているだけで愛されるべき存在なんですよ。自己犠牲《ぎせい》をしなくてもいいんですよ」

「自己犠牲《ぎせい》？」

目からウロコでした。たしかに、過去をふり返ってみると、私はよく、いろいろなことをがまんしていました。

人の顔色をうかがって意見を変えたり、相手につくしたり、摂食障害《せっしょくしょうがい》になるほどダイエットしたり。ちゃんとしなければ、つらい思いをしなければ、愛してもらえない、ありのままの私には価値がない、という感覚があることに気がつきました。

それに、それまでのさまざまなやみごとの元をたどると、自分の「無価値」感が原因だとわかったのです。そんなふうに、カウンセラーさんと話していくうちに自分のことがより理解できるようになっていきました。

カウンセリングは、歯の治療《ちりょう》のように先生の技術に任せれば勝手に治療《ちりょう》してもらえるものではありません。

結局は人と人との対話なので、カウンセラーさんとの相性はあると思いますし、自分の気持ちを言葉で表現することが大事になってきます。でも、自分の頭のなかだけであれこれ考えるよりも、私はそのカウンセリングを受けてよかったと感じました。相手の顔色や「正解」を気にせず、自由に話して思考のヒントを探していくカウンセリング体験でした。

もしカウンセリングに興味があるなら、試してみることもいいかもしれません。話をするのが苦手だという人は、事前にどんなことを話すか、質問したいことはなにか、紙に書いて用意しておくとスムーズでおすすめです。

愛のボタンのかけちがい

カウンセラーさんにいわれた言葉のなかで、ひっかかったものがありました。

それは「なにもしなくても、無条件で、なおさんは生きているだけで愛されるべき存在なんですよ」という言葉です。

なにもしなくても、愛されるべき存在？　どういうことだろう？

そもそも、愛されるってなんなのだろう？

しばらくそのことを考えていた日々のなかで、大きな気づきがありました。


当時は実家で犬を飼いはじめた頃だったのですが、両親はその犬を溺愛《できあい》して、とてもかわいがっていました。

ある日、ねている犬のために母が「まくらを置いてあげなきゃ」と、まくらを用意しはじめたのです。

私は「いやいや、犬にまくらは必要ないでしょ」とツッコミました。その行為《こうい》は、母にとっては愛情でも、犬にとってはうれしいものかどうかはわかりません。

そのとき、私はハッとしました。もしかしたら、私が気づかないだけで、こんなふうに、すでに人生のいたるところにだれかからの愛情があったのかもしれない。すると、過去のいろいろなすれちがいに気がつきました。

私はずっと「自分には価値がないから、愛されない」と思っていました。親にほめられた記憶《きおく》はあまりないし、どちらかというと放置されていたような感覚がありました。でも、犬を溺愛《できあい》している両親を見て、こんなふうになにかを愛する力があるのなら、きっと私にも愛情はあったのではないかと推測できました。そして犬にまくらを置いてしまうように、おそらく、親にとっての愛情表現が、私にとってはなんの意味もないことだったのかもしれないと気づきました。

愛されないと思っていたのは、ボタンのかけちがいが原因だったのかもしれない。私はそれまで、人にほめられることや言葉で「好きだ」と表現されることだけが、愛されている証拠《しょうこ》なのだと思いこんでいました。でも、実は愛って、気づくかどうかなんだ。そう思った瞬間《しゅんかん》、まるで世界がひっくり返ったような感覚になりました。

人によって愛のかたちはいろいろで、近しい関係の人であっても、かならずしも自分の思うようなかたちではない。だからわからないんだ。そしてこのボタンのかけちがいは、家族であれ、カップルであれ、友だちであれ、いろんな物事で起きることなのかもしれない、そう思いました。

そこで、自分の状況《じょうきょう》を見直してみました。私に特技がなかろうが、体型がどうなろうが、否定せず受け入れてくれる友達はいましたし、過食症《しょう》のときに支えてくれた優しい恋人も、「無理しないで、そのままでいいんだよ」と、すでにありのままの私を受け入れてくれていました。

それなのに、わたしはほめられる自分でいなければ愛されない、人に認めてもらえない、と思っていました。

だから「私のこと好き?」と何度も彼に確認したり、「私のどこが好きなの?」と問いつめたりしていました。

でも、もう私がほしかった愛情は目の前にあったのです。

子どもの頃から、いろいろな人に否定された経験はたしかにつらく、傷つきました。

でも、そればかりにとらわれて、人や世界が信頼できなくなり、「実はこう思っているんじゃないか」「どうせ◯◯でしょ」と、相手の言動や出来事を歪曲《わいきょく》してとらえ続けていました。

そして、ネガティブな言葉に対しては「やっぱりね」と反応していました。とくに摂食《せっしょく》障害《しょうがい》になったあとは、人に褒《ほ》められない＝存在の否定だという感覚が強くなりました。そんな考え方になっていたために、人や世界とうまくつながれず、さびしかったのです。

よく女性向けの雑誌や恋愛《れんあい》コラムなどには「愛される方法」という言葉が出てくるので、愛をもらうには、なにかテクニックや条件が必要だというイメージがありました。

でも、カウンセラーさんのいったとおり、私はすでに無条件で、ただそこにいるだけで、いろんな人に存在を許容《きょよう》されていました。だから、なにも心配することはないのかもしれない。自己否定をやめて、自分を受け入れたことで摂食障害《せっしょくしょうがい》から回復した経験が、その考えをあとおししました。

シェアしたい!

私の失敗談

思いきった行動をしたけど……

●アイプチ生活に嫌気《いやけ》がさし埋没法《まいぼつほう》で整形して、二重まぶたにしました。「これでいい」というゴールがない精神状態《せいしんじょうたい》でした。結局もっと、二重の幅《はば》を広げたいと切開《せっかい》法でも手術。美というのは明確な定義がないのも知らずにです。いまはそこまでしなくてもよかったのに、となんとなく後悔《こうかい》してます。美を求める時の精神状態を自己分析《じこぶんせき》するのが先ですね！

●子どもの頃からいじめられていて、外見にコンプレックスがありました。ティーンのとき「周りより進んだ女子」になろうとして、本当に好きだったわけでもない男の子と付き合って初体験をさっさとすませました。男は女の容姿を基準《きじゅん》に交際するかどうか決めるものだと思っていたから、少なくとも周囲のいうような「ブス」ではこんな経験はできない、くらいの気持ちでした。交際と初体験がブスじゃないことの証《しょう》明《めい》になったと勝手に思ってました。でも､別れる時にもめたし、友達は離《はな》れていきました。

コンプレックスでなやんだ末に、つい思いきったことをしたくなるかも。
でも、なかには元の状態にはもどせない不可逆《ふかぎゃく》な物事や、ずっとケアが必要になるものもあります。私も後悔《こうかい》したり、反省したことがたくさんあるので、大事な物事を選択するときは、「いま」だけでなく、その後の未来のことも想像してみて！

(※掲載のため、一部補完・編集しています)

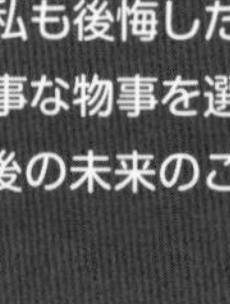

終章

「ちがい」のなかで生きていく

Dだれでも一つはもっているもの

第一章にあったコンプレックスメーターを覚えていますか?

この本を読んでみて、あなたが感じていたコンプレックスは、いまどうなっているでしょうか?

もしかしたら、まだ頭のなかがうまく整理できなくて、モヤモヤしているかもしれません。


ひとつ覚えていてほしいことは、コンプレックスは、見た目そのものに問題があるというよりも、社会や環境《かんきょう》や経験が影響《えいきょう》しているということです。

それに、コンプレックスがあることは、おかしなことではありません。だれにでも、大なり小なりあるからです。試しに、友達や身近な人に「見た目のどこかにコンプレックスってある?」と聞いてみてください。きっと「えっ! そうなの?」と思うような、意外な答えが返ってくると思います。

コンプレックスは、はたから見たらわからないし、気にならない場合がほとんどです。

つまり、見た目を変えることだけが解決方法ではなく、環境《かんきょう》を変えたり、本人のとらえ方しだいでもどうにでもなる、と私は考えます。

それに、自分の見た目に対して「もっとこうだったらいいのに」と、気に入らないところがあって不満が出てきたり、ついないものねだりをしてしまうことは、悪いことではありません。

自分で選んだものではないから、不満があって当たり前なのです。

ゲームなら、プレイヤーの顔の輪郭《りんかく》や目のかたちなど好みのパーツを細かくカスタマイズして、自分の納得のいくオリジナルのアバターを作って遊べるものがあります。

でも、人間である私たちの顔や体は、体質も含《ふく》めて自分で選んだものではなく、生まれてくるときにあたえられたものだからです。だから、コンプレックスがゼロにならない自分を責める必要もないと思います。それに、成長したり年を重ねることで、自然と見た目は少しずつ変わっていきます。

とくにティーンの場合だと、保護者に養ってもらう代わりに、自分で選べる物事の選択《せんたく》肢《し》はまだ少ないはず。

学校や簡単に変えられない環境《かんきょう》など、あたえられたもののなかで生きていくことに息苦しさを感じているかもしれません。

でも、大人になれば、どこで、だれと、どう生きるかは自分で選べるようになります。私は子どもの頃やティーンの時代には、正直なところ楽しいというよりもいやな思い出のほうが多いので、自分でいろんなことを決定できる自由がある点で大人になってよかったと思っています。

D “居場所”はきっとある

あなたが無理せず、安心できる居場所や人間関係は、この地球上のどこかに、かならずあります。

そういわれても、「いやいや、どこにも自分の居場所なんてないし」「だれともわかり合えないし」と思うかもしれません。もしそうであれば、確認してほしいことがあります。

それは、実はあなたが特殊《とくしゅ》なメガネをかけていないかどうか、です。

その特殊《とくしゅ》なメガネのなまえは、「自分なんてどうせメガネ」。

はじめから自分の価値や評価を低く見積もる「自分なんてどうせメガネ」をかけて世界を見れば、万が一、傷つけられたときにも「傷つけられて当然だ」と思えて、ショックが小さくてすみます。


「自分なんてっていう思いは手放した方がいいのはわかってるけど、無理なんです」という声が聞こえてきそうです。わかります。

きっと、その「自分なんてどうせメガネ」で世界を見ることに慣れすぎて、手放すのがこわいのではないでしょうか。

そこで、私が提案する解決方法は、いきなり「自己評価を高く持つこと」や「自分を好きになること」ではありません。物事がうまくいかないことは、あなた自身に問題があるからではなく、その「自分なんてどうせメガネ」によって引き起こされているかもしれないということに気づくことです。


見た目のコンプレックスや自己否定になやむ方のお話を聞いていて、私がいちばん重要だなと感じることは、その人自身の見た目そのものや、自信の有無ではありません。

最終的に「人に受け入れてもらいたい」と思っている反面、目の前にいる相手と気持ちのキャッチボールができなくなっていることです。わかってもらいたくて一方的にボールを投げ続けてしまったり、逆に相手の投げたボールを避《さ》けてしまったり。

私もそうだったのですが、人や社会が「自分を評価するもの・傷つけてくるもの」というイメージになっていて、距離感《きょりかん》や認識にズレが生じてしまうのです。


自分を守り過ぎるあまり、「実はこう思っているんじゃないか」と、相手のいっていないことまで想像してしまうのですが、そのズレを相手と言葉を交わして確認するよりも、思いこみで解決しようとしてしまうのです。

それはまるで、おなじ世界にいるのに、ちがう世界を生きているような結果になってしまいます。それを感じると、私はとても悲しいなと思います。


なぜそんな特殊《とくしゅ》なメガネをかけるようになったのかというと、きっと過去の経験や価値観をもとに学んだ「傷つけられたくない！」というおそれが、いつの間にか「傷つけられてもいいように」へ変わってしまったからではないでしょうか。

でもそれは、あなたの意志で決めたことではなかったはずです。

「自分に自信がないのは、愛された経験がないから。すてきなだれかが愛してくれたら、きっと自分に自信が持てるようになる」という話はよくあります。

私もそう思っていました。でも、「自分なんてどうせメガネ」をかけていると、いざそのすてきなだれかが現れても「あなたはちがう」といって相手を拒否《きょひ》したり、信頼《しんらい》することができません。

そして思いこみや誤解《ごかい》を解こうと、まわりがいくら「そんなことないよ」「こんな方法もあるよ」と伝えても、自分を守るため、かたくなに可能性を拒否《きょひ》してしまいます。なんなら相手を攻撃《こうげき》してしまうこともあります。それを何度かくり返すうちに、周りの人はかかわることをあきらめ、離《はな》れていってしまいます。

私がダイエットに夢中になり、極端《きょくたん》な食事制限をしていたころ「それだけで足りる?」「ちゃんと食べてる？」「無理しないで」と心配してくれる人もいました。でも私は「やせたいのに、じゃまされる」「気にされるのが面倒だな」と思ってしまいました。

交際相手とトラブルになり、夜中に家を飛び出し、途方《とほう》に暮れていたときには「だいじょうぶ？　うちに逃《に》げてきてもいいよ」といってくれた人がいたのに、「人に迷惑《めいわく》をかけてしまう」と思い、断ってしまいました。


そんなふうに、私は思いやりや優しさを、うまく受け取ることができず、いざというときに頼《たよ》ることができませんでした。そして、自分につらく当たったり、「お前のせいだ」といってくる人ほど追いかけてしまっていました。

これは、前章でもお話したとおり、ずっと「愛のボタンのかけちがい」をしていたせいであり、傷つけられた過去の体験をもとに、自分で自分を守るために「自分なんてどうせメガネ」を通して世界を歪《ゆが》めて見るようになっていたからでした。

あなたが何歳でも遅《おそ》くはありません。

たまにはその「自分なんてどうせメガネ」をはずして、世界を見てみませんか。

多様性社会で「ちがい」を認め合う

この数年で、日本でも多様性や個性を尊重をしようという社会風潮になってきました。でも、個性とか自分らしさとか、自分について考えれば考えるほど、自分のことがよくわからなくなって、むしろ迷路に迷《まよ》いこんでいる方も多いのではないでしょうか。

第三章で、私の価値観が変わったときのことをふり返ってみましょう。

私はまず、たくさんの人の写真を見て「人間って、一人ひとりがまったくちがうんだ」という当たり前のことに気づきました。

私はずっと人の目を気にしていましたが、実際のところは、人や社会のことをよく見ていませんでした。でも、視点を変えて人の多様性に気づいたとき、ひるがえって自分もその世の中にある多様性のうちの一人だと理解できて、ふっと力がぬけたのです。

よく考えてみたら、いくら素敵な見た目だからといって、世の中にいる人全員がおなじ姿形をしていたら、見わけがつかないし、なんだか気味が悪いのではないでしょうか。

クラスメイトみんながおなじ見た目だったら？

電車のなかにいる人がみんなおなじ見た目だったら？なんだかこわいですよね。きっとみんなで写真を撮《と》っても、だれがだれだかわかりません。だから私たちは、人とちがって当たり前ではないでしょうか。

だれかにあこがれて、真似することもあるかもしれません。でも見た目をいくらだれかに似せても、自分とちがう人の人生をそのまま生きることはできません。


人とかかわりあいながら生きるということは、自分との「ちがい」を感じながら生きることでもあります。

自分の「当たり前」が、他人にとっては、「ありえない」になったりするからです。だからしんどくなったり、傷つくことも、傷つけてしまうこともあるかもしれません。それに、世の中のすべてが自分の思いどおりになるわけではありません。

でも、そこであきらめず、人によってどのくらいの距離《きょり》で付き合えばいいのかを調整したり、相手の事情を知ることや話し合うことで誤解《ごかい》が解けることもあります。

生き方の正解は一つではないので、人とちがって当たり前という前提で、自分のやり方を押しつけあわないことです。「こんな人もいるんだな」とか、「あんな生き方もあるんだな」とか、人とかかわる経験を通してちがいを理解することが大事なのだと思います。

フォロワーさんの「ブレイクスルー」

この本では「コンプレックス」の考え方を変えて人生が変わった、私の体験を書いてきましたが、「私ができたんだから、あなたにもできるはず」とまではいえません。

でも、自分の体験が、だれかのヒントになるかもしれない、とは思っています。

私自身も、だれかに説得されて過食症《しょう》を手放せたわけではなく、ヒントに気づいてハッとしたことから少しずつ苦しい「自分ルール」を変えた人間だからです。

どう表現したらわかりやすいかな、この角度から見てみたらどうだろう？　などいろいろ研究しています。

そんな思いのもと、SNSで発信したりコラムを書いていると、「苦しいやせ思考を手放せました」「少しずつ自分の体を受け入れられるようになってきました」とご報告してくれる方もたくさんいて、とてもうれしい気持ちになります。でも、一方で「自分を受け入れた方がいいって、頭ではわかるんだけど、できないんです」という方もいらっしゃいます。

そのちがいって、なんだろう。

もちろん、みんな一人ひとりたどってきた人生も、いまの状況《じょうきょう》もちがうので、私の体験が、すべての人に対応しているわけではないと思います。

「○○でなければ」という思考を手放した人は、いったいどうやって自分のなかの「苦しいこだわり」をひっくり返すのでしょうか。そこで、私の発信を参考に視点が変わったというSNSのフォロワーさんに「ブレイクスルー」法について聞いてみたところ、とてもすてきなメッセージをいただいたので、ご紹介《しょうかい》します。

まず一人目は、ダイエット依存《いぞん》になり、過食と絶食《ぜっしょく》をくり返していたところから、「ふつうに食べる自分」を許せるようになったアユミさん（仮名）からのメッセージです。

「私はなおさんのツイートで「お腹じゃなく心がすいてる」という表現が胸に突《つ》きささ

りました。

なんで食べたかったんだろうって、虚《むな》しさやさびしさをうめたかったんだ、と。

改めて深く、あのツイートで思い知りました。

摂食障害《せっしょくしょうがい》やダイエット依存《いぞん》になったり、自分の外見を裁《さば》いたりする感覚って究極、どこから来るのかを考えてみたら私の場合は「母」でした。

私は、私自身が自分の外見や体重を断罪《だんざい》してるんじゃなく「母の目から見た私」という視点で自分を裁《さば》いて、〝こんなんじゃ愛されない!!〟と完ぺきを求めていました。

〝頭ではわかるけど許せない〟って感覚は、自分が自分を許せないというより〝お母さんの目から見た私〟という視点で自分をみたら「許せない!」とお母さんからいわれてしまいそうな恐怖《きょうふ》が根底にあって、お母さんからいわれる前に自分で自分を裁《さば》いて責めてるんじゃないかと思ったりします。


なおさんの写真を見たら、昔のやせていた時代ももちろんかわいいのですが、あの頃の美しさは非常に限定的というか〝このラインをオーバーしたら終わりだ〟という緊迫感《きんぱくかん》をはらんだ美しさで、昔の芸能界やモデル業界、アイドル業界はこの〝緊迫感《きんぱくかん》〟が美しい、みたいな感覚が強かったのかなと。

いまのなおさんは、自分にくつろいでいる美しさを放っています。それは限定的な美しさじゃなく、広がりがあって終わりのない、安らぎの美しさだと思います。

なおさんのその安らかな美しさを見て〝美〟は研《と》ぎ澄《す》まされた鋭利《えいり》で繊細《せんさい》な者たちだけに許される限定的なものではないんだと勇気を得て、ダイエット依存《いぞん》から脱《だっ》することができました。

なおさんの存在によって私は美しく〝なる〟のではなく、自らの美しさに〝気づく〟ことの大切さを教えていただきました。

本当に感謝しています」


「くつろいでいる美しさ」という表現、とてもうれしいです！

知的なお人柄《ひとがら》がうかがえるコメントに感激しました。アユミさんは、親子関係の不安から、ダイエットにのめりこんでいったと自己分析《じこぶんせき》されたようです。

また、インスタグラムのフォロワー・サヤカさん（仮名）には、こんな共感コメントをいただきました。

「なおさん素敵なお話いつもありがとう。

勇気づけられる人がたくさんいると思います。

勝手に私の場合を話しますが、若い頃スタイルは褒《ほ》められるほうでした。

だけど自己肯定感《こうてい》の低さから、もっとがんばらなきゃ、もっといい女にならなきゃ、もっともっと……って思いこみからぬけられず、起業もして見た目もみがき続けてきました。

学歴や収入もあり、オシャレもして、でもそうやってがんばっていても一向に安心や幸せは手に入りませんでした。むしろ逆で……。

理由もわからず長いこと苦しい思いをしてきたけど、7年くらい前にようやく「今この瞬間《しゅんかん》から無条件に自分を愛する」大切さに気づきました。

そこからは徐々《じょじょ》に幸せや愛が増えました。

だからこそいえるのですが、容姿やスタイルはもちろんのこと、年齢《ねんれい》や学歴、職業、収入などすべて、自分が愛されることや幸せとはまったく！　関係ないです。

もっというと、性格が良い悪いも関係ないです（笑）。

私は自分の性格にもコンプレックスがありましたから。

これから先ももっと自分を受け入れ、世界のだれよりも自分を愛しぬいてあげたいです。

なおさんありがとう。」

自分に対する条件や目標を作って、がんばって欠点をなくして完ぺきになれば、安心できるはず！　って思っちゃいますよね。

でも、実際にそうなっても不安で終わりがなく、安心感が得られなかった。その経験から、自分を愛する大事さに気づいたというのは、とても共感です。こんなふうに立ちどまって見直す機会が大切ですね。

おふたりともなやみの根っこにあるものに気づいたことで、新しい価値観を取り入れる気持ちになり、コンプレックスを乗りこえた（ブレイクスルーした）のだと思います。

大事なことは「自分で気づき、行動を変えること」ではないでしょうか。「ああしなさい！こうしなさい！」とだれかにいわれても、心に響《ひび》くどころか、「うるさいな～」と思ってしまいますよね。

コンプレックスのきっかけが人それぞれ異なるように、解決のヒントになることは人によって異なるはずです。

あなたにとってのヒントは、いったいなんでしょう？

もし見つけたら、ぜひ教えてくださいね。

私が手に入れた「ボディ・ポジティブ」

二六歳で「やせたい呪《のろ》い」が解けるまで、私はなにかやりたいことがあっても、「まずはやせなきゃ」と思って、いろんな物事を後回しにしていました。

本当はかわいいワンピースが着たいけど、太っている自分にそんな資格はないとか、自分で勝手に決めて、勝手にあきらめていました。

友だちと一緒に海やプールに行くことも避《さ》けていました。自分のボディラインを人に見せることもいやだし、水着を着るにはまずやせなきゃいけないと思っていたからです。恋《れん》愛《あい》がうまくいかないのも、太っているせいだと思っていました。

でもいまは、着たいなと思った服は着てみるし、水着で海に行ったりもします。おしゃれもできるし、恋愛《れんあい》もして、おだやかなパートナーと結婚して、一緒に楽しく暮らしています。

日常生活のなかで、私が太っているせいで本当にできないことといえば、たぶん、Sサイズの服が着れないことぐらいです。


こんなふうに、体型にとらわれず自由になった私を見て、「それはあなたが特別だからできるんでしょ」という人もいます（「自分なんてどうせメガネ」をかけているのかも）。

でも、やりたいことにトライして「思いきったらできました！」という報告もたくさんいただきます。そうやって自分の当たり前から、自分の足で一歩

チャレンジを続けると、人生が豊かになります

踏《ふ》み出したお話を聞くと、とてもうれしいです。

私が自分の体を受け入れて、一番良かったことは、目の前の人生を味わえるようになったことです。過去や未来のことを考えすぎて、後悔《こうかい》したり焦《あせ》ったりするんじゃなくて、いまここで起きていることを、そのまま感じられるようになったことです。

人とおいしい食事を楽しんだり、映画を見て「面白いなぁ」と感じたり、景色のいいところへ旅行に行ったり。

私はやせ願望にとらわれて、そんな当たり前の物事を、心の底から楽しむことがずっとできませんでした。だから、「やせたい呪《のろ》い」が解けたとき、やっと自分の人生がはじまった気がしました。

はじめての海外旅行は、三〇歳のときでした。学生のうちに留学や卒業旅行で海外へ行く人もいると思いますが、摂食障害《せっしょくしょうがい》になやみ、日々を生きるのに精いっぱいだった私にとっては、海外へ行くことなんて夢のまた夢でした。だからはじめての海外旅行に一人で行けたときは、ものすごい達成感がありました。

ドイツからオーストリアへ向かう長距離《ちょうきょり》列車の窓から、ぼーっと雪景色を見ていたとき、ふと自分がずいぶん遠いところまで来たことに気がつきました。日本からの距離《きょり》はもちろんですが、自分のなかの当たり前を壊したことで、想像もしなかったことができるようになっていたからです。

世界がどんどん広がっていることを実感しました。

私が「やせたい気持ち」をなかなか手放せなかったのは、自分のなかの「正解」を手放したら、どう生きていいかわからなかったからです。

一番むずかしいことは、自分のオリジナルの人生を歩むことでした。それは道標《みちしるべ》もないし、答えもないからです。でも、失敗したら引き返せばいいし、失敗した先でなにか面白いことがあるかもしれません。

そんなふうに計画通りじゃない人生を、力をぬいて楽しめるようになりました。

あなたはどんな時代を生きたい？

実はこの本を通して、私がずっと伝えてきたことがあります。

それは、「コンプレックスでなやむことは、あなたのせいじゃない」ということ。

そして、おなじようになやんできた人が実はたくさんいるということです。ティーンの頃に、自分についてなやんだり葛藤《かっとう》することは、自然だし、悪い経験ではないと思います。思考力がついたり、人間的に深みが出てユニークな面もできるはずです。

ただ、気をつけてほしいことは、選択肢が二つしかないと思いこむことです。

たとえば「人とおなじか・ちがうか」「自分のことが好きか・きらいか」「コンプレックスがあるか・ないか」「自信があるか・ないか」など、相反する二元論《にげんろん》のどちらかで自分を当てはめようとすると、極端《きょくたん》な考え方になってつらくなります。

人も物事も、よく見るともっとグラデーションがあったり、微妙《びみょう》で、複雑に成り立っているはず。だから極端《きょくたん》な選択におちいっていることに気づいたら、ちがう方法はないか探してみましょう。

それに、たとえ「自分はこういう人なんだ」という答えにたどり着いても、それはこの先の人生の途中で更新《こうしん》できます。

「私は自信がないから」とか「私はブスだから」となげく人に、「それって、いつ決めたんですか？」と聞いてみると、何年も、何十年も前だったりします。ずいぶん前の自分が決めた「自分の設定」を更新《こうしん》せずにそのまま信じて、とらわれていたりします。

でも、人は経験で変わりますし、時代も変われば価値観も変わります。アップデートできることを忘れないでください。

それに対して、見た目を揶揄《やゆ》する言葉は、たいてい決まったもので、二〇年前と変わりません。それはきっと、どこかでだれかがいったことを真似してきたから。そんなふうにして脈々と過去から受けつがれてきたのだと思います。

でも、私はもう、こんな負の世代間連鎖《せだいかんれんさ》をくり返していきたくありません。

あなたは、どんな時代を生きたいでしょうか？

コンプレックスの「あたりまえ」をひっくり返す

あるとき、コンプレックス商法の誇大《こだい》広告や摂食障害《せっしょくしょうがい》を誘発《ゆうはつ》するようなやせ礼賛《らいさん》の社会に怒《いか》りが湧《わ》き、「こんな世の中を変えたい！」と強く思いました。

でも、ただ私の思いぶつけるだけでは仕方がないので、「コンプレックス商法」の手口を逆手にとることにしました。

よくあるダイエット広告を、私なりのメッセージに変えた「広告画像」を作ったのです。それをツイッターにアップしたところ、かなり反響《はんきょう》があり、バズりました。

ほかにもパロディ画像を作り、再投稿《とうこう》してみると、最終的には四万回以上リツイートされ、一八万いいねをもらいました。

自分でもそんなに反響《はんきょう》があるとは思わず、びっくりしました。

コンプレックス商法の広告は、たいていいまの自分に不快感《ふかいかん》をあたえるものです。だから、多くの人が私とおなじように、ダイエットをあおられる広告や自己否定につながる表現にうんざりしていて、共感してくれたのだと思います。

本当の幸せと安心感を
実感できました！
Before
摂食障害
痩せることや食べ物の事で
頭がいっぱいで常に不安
人に会いたくない
生きてるだけで
みんな尊い！
After
摂食障害から回復
自分を
許して
認めて
あげよう！
人との食事が楽しい！
痩せる以外の幸せが
わかるように！

Before と After は視点を変えればまったく逆になります

私たちの生きているこの社会にはさまざまな情報や価値観があふれています。

いろんな人が、いろんな意見を持っています。

そのなかには、あなたのコンプレックスを刺激《しげき》するものもあり、自信がなくなったり不安になることもあるでしょう。

子どもの頃からなやみ続けてきた私も日々ゆさぶられ、なやんでいました。

でも、コンプレックスとの付き合い方を変えたり、視点を変えると、新しい出口が見つかるはずです。

本書が、そのきっかけになれたらうれしいです。

おわりに

本書をお手にとって読んでくださり、ありがとうございます。

この本は、私が生まれてはじめて執筆《しっぴつ》した本です。いつか本を出版したいと思っていたので、ついに夢がかなってうれしいです。

お声がけくださった旬報社の編集担当である粟國志帆さん、とても素敵なイラストで本書をいろどってくださったイラストレーターの山中玲奈さん、そして出版にご協力くださった関係者の方々、ありがとうございます。

この本につづったお話は、一一年前にコンプレックスをひっくり返した過去の経験がベースになっています。でも、いま身近にいるパートナーや友人、そしてモデルをはじめて知り合った仲間たち、ファンになってくださった方もふくめて、この一〇年のあいだに新たに出会ったさまざまな方たちとのやりとりが、さらに私の「気づき」をブラッシュアップさせてくれました。だからこそ、こうして書き上げることができたのだと思います。ありがとうございます。

さて、この「あとがき」を書いているのは、ちょうど季節の変わり目の時期です。

半そでになるほど暑くなる日もあれば、毛布が恋《こい》しくなるぐらい寒くなる日もあり、夏に向けて不安定な天気が続いています。

本編には書ききれませんでしたが、実は過食症《しょう》になやみはじめた一九歳のとき、沖縄《おきなわ》の離島《りとう》に住む母方の祖父母の家で、少しだけ暮らしていたことがあります。季節もちょうど、いまぐらいの時期でした。

祖父母に会うのは、家族旅行で沖縄《おきなわ》に行った小学生のとき以来。それなのに、急に訪《たず》ねていった私の事情を詮索《せんさく》せず、生活のなかにすんなりと受け入れてくれました。

祖母と仲よくなりましたが、「あれも食べなさい」「これも食べなさい」と、いつもよかれと思って食べ物をたくさん用意してくれることが、過食症《しょう》の私にとってだんだんつらいものになっていきました。

そこであるとき「実は食べることがやめられない心の病気になっている。どんどん太っていく自分がきらいで、生きている価値がないと思うほど、死にたいと思うほどつらい」という話を泣きながら打ち明けました。両親には話せなかったことでした。

すると祖母は「あんたはなにも悪いことしてないよ。あんたのご先祖さまたちも、いいことした人たちばかりだよ。何もはずかしいことはない。胸張って生きなさい。ばあちゃんが保証《ほしょう》するよ」といってくれました。

その言葉で、すぐに気持ちが切りかわったり、あっという間に過食症《しょう》が回復すればきれいな結末なのですが、現実はドラマのようにはうまくいかず、それから数年後に祖母が亡くなってからも、私はずっとなやみ続けていました。
でも、あとから考えてみると、そんな祖母とのやりとりも、私がコンプレックスをひっくり返すまでにいたるヒントの一つになっていたのだと思います。

子どもから大人になるとき、価値観が変わるとき、大事な物事が変わるときというのは、突然《とつぜん》スパッと切りかわるものではなく、こんな季節の変わり目のように、あちらとこちらを行ったり来たり、不安定な「ゆらぎ」をくり返しながら、少しずつ時間をかけて変わっていくものなのではないでしょうか。

あなたが無理をせず、心地良く生きるためのヒントは、きっとどこかにあるはずです。
そして、あなたを「評価しようとする人」のために生きるよりも、あなたの「仲間」を見つけにいきましょう。

まずは、あなたが、あなたの仲間になってあげてくださいね。

二〇二三年六月

吉野なお

著者紹介
吉野なお（よしの・なお）

プラスサイズモデル、エッセイスト。

1986年、東京都出身。

2013年より、雑誌『ラ・ファーファ』（文友舎）でプラスサイズモデルとしてのキャリアをスタート。

モデルとして活動する以前には、極端なダイエットののちに摂食障害（主に過食症）を経験。

この経験をもとに、身体やダイエット思考・食べることに対する「あたりまえ」をゆるがせて、「自己否定」から抜け出すアプローチを発信し続けている。

FRaU web、ヨガジャーナルオンラインでコラム連載中。

公式HP　https://www.naoyoshino.com/
ツイッター　@cheese_in_Nao
インスタグラム　@naopappa

写真　文友舎（P86-87）、istock（P103）、朝日新聞社（P119）

探究のDOOR ②
コンプレックスをひっくり返す
――見た目のなやみが軽くなる「ボディ・ポジティブ」な生き方
2023年7月7日　初版第1刷発行

著者　**吉野なお**
ブックデザイン　**ランドリーグラフィックス**
イラスト　**山中玲奈**
編集担当　**栗國志帆**
発行者　**木内洋育**

発行所　**株式会社旬報社**
〒162-0041
東京都新宿区早稲田鶴巻町544　中川ビル4F
TEL 03-5579-8973　FAX 03-5579-8975
HP　https://www.junposha.com/

印刷製本　**精文堂印刷株式会社**

ISBN978-4-8451-1831-1